Thomas Hohensee
Das Erfolgsbuch für Faule

Thomas Hohensee

DAS ERFOLGSBUCH
für Faule

Entdecken Sie, was
Sie wirklich wollen
und wie Sie es ohne
Stress erreichen

Kösel

© 2002 by Kösel-Verlag GmbH & Co., München
Printed in Germany. Alle Rechte vorbehalten
Druck und Bindung: Kösel, Kempten
Umschlag: KOSCH Werbeagentur, München
Umschlagfoto: Denise Felix, FPG
ISBN 3-466-30579-9

*Gedruckt auf umweltfreundlich hergestelltem Werkdruckpapier
(säurefrei und chlorfrei gebleicht)*

Inhalt

Wie man Ziele erreicht

Was heißt es eigentlich, erfolgreich zu sein?

Ist jemand, der ein Schloss in Frankreich hat, erfolgreich? Und ist ein anderer, der Bilder malt und relativ wenig Geld hat, gescheitert? Das kommt darauf an, wie die beiden sich ihr Leben vorgestellt haben. Wenn es der Traum des Schlossbesitzers war, sich ein solches Grundstück kaufen zu können, dann hat er sein Ziel erreicht und ist erfolgreich. Wenn er aber nur auf Druck seiner Eltern die Firma übernommen hat und lieber Maler geworden wäre, ist er nach seinen eigenen Maßstäben erfolglos, auch wenn er mit dem Unternehmen solche Gewinne erzielt hat, dass er sich ein Schloss kaufen konnte.

Erfolgreich waren in seinem Fall nur seine Eltern, die es geschafft haben, ihm ihre Pläne aufzuzwingen.

Falls der Maler, unabhängig vom finanziellen Erfolg seiner Bilder, seine künstlerischen Vorstellungen verwirklichen wollte und ihm sein Lebensstil gefällt, dann hat er es geschafft, auch wenn andere ihn für einen Versager halten. Hat er dagegen immer davon geträumt, reich und berühmt zu werden, um sich irgendwann ein Schloss leisten zu können, dann hätte er lieber mit dem Unternehmersohn tauschen sollen. Dann müssten wir ihn nämlich, gemessen an seinen Zielen, als gescheitert ansehen.

Es gehört leider zu den Klischees in unserer Gesellschaft, dass der Besitzer eines Schlosses automatisch als erfolgreich, ein Maler mit einfachem Lebensstil aber als erfolglos gilt. Erfolg wird bei uns allein an Geld und Besitz gemessen.

Fallen Sie nicht auf diese Klischees herein. Orientieren Sie sich an Ihren eigenen Zielen. Wenn Sie Millionärin werden wollen, warum nicht? Wenn Sie wie Mutter Teresa Sterbende betreuen wollen, ist das auch in Ordnung. Aber nur, wenn es Ihren eigenen Lebensträumen entspricht.

Folgen Sie nicht den Zielen, die andere Ihnen vorschreiben wollen. Lassen Sie sich nicht in eine Richtung drängen, die Sie später bereuen. Verwirklichen Sie Ihre eigenen Vorstellungen. Nur dann leben Sie in Harmonie mit sich selbst und sind im eigentlichen Sinne erfolgreich.

Es ist egal, was die anderen sagen. Es kommt darauf an, was Sie selbst über sich denken, wenn Sie allein sind und keiner Ihnen mehr Beifall klatscht. Finden Sie auch dann noch, dass Sie erfolgreich sind?

Es ist nicht möglich, es jedem recht zu machen, irgendeiner meckert immer. Andererseits gibt es aber auch Menschen, die das, was Sie tun, schätzen. Vielleicht haben Sie diese Leute bisher noch nicht kennen gelernt. Aber irgendwo ist jemand, der Sie für das liebt, was Sie gerne tun. Also richten Sie sich nicht danach, was Ihre Eltern, Kollegen oder Nachbarn sagen. Bestimmen Sie Ihre Ziele und Ihren Maßstab für Erfolg selbst, und fangen Sie an, Ihre Ideen zu verwirklichen.

Ihre Chancen stehen gut

Sie können es schaffen. Egal, wovon Sie träumen, Sie können Ihre Träume wahr machen. Ihre Wünsche können sich auf Ihr Privatleben, auf Ihren Beruf oder auf beides beziehen.

In diesem Buch erfahren Sie, wie Sie es schaffen können. Es geht um Ihren Erfolg. Sie sollen in der Lage sein, zu erreichen, was immer Sie sich vornehmen. Wenn Sie davon träumen, heute Nachmittag einen Spaziergang in einem nahe gelegenen Park zu machen, und diese Idee verwirklichen, ist dies ein Erfolg. Falls Sie die Liebe Ihres Lebens kennen lernen möchten und es Ihnen gelingt, dann sind Sie erfolgreich.

Erfolg ist mehr als »eine Million zu machen« oder ein Unternehmen auf dem Weltmarkt zu etablieren. Wagen Sie es, von einem Leben zu träumen, das Ihre tiefsten Bedürfnisse erfüllt. Es ist in Ordnung, wenn Sie reich werden möchten. Aber es gibt im Leben auch noch andere interessante Ziele. »Reich sein« füllt nicht Ihre Tage aus. Was wollen Sie tun, wenn sie »reich« sind? Die Antwort auf die Frage, wie Sie Ihre Zeit verbringen wollen, ist interessanter, als nur viel Geld zu besitzen.

Unsere Gesellschaft ermutigt vor allem zum Erwerb von Besitz. »Was habe ich? Und was kaufe ich mir als Nächstes?« Mit solchen Fragen beschäftigen wir uns viel. Wer fragt schon: »Bist du glücklich? Was macht dich glücklich?« Und vor allem: Wem würden wir darauf ehrlich antworten? Lieber tun wir so, als ob wir glücklich seien.

Ich möchte Sie ermutigen, sich Ziele zu setzen, die Sie persönlich glücklich machen. Sie brauchen sich vor niemand zu rechtfertigen oder zu entschuldigen, dass Sie eigene Bedürfnisse und Interessen haben, eigene Ziele, Wünsche und Träume. Sie brauchen keinem zu erklären, warum Sie das gerne möchten, was Sie wollen. Das ist ein Vorteil dieses Buches. Es ist verschwiegen. Sie brauchen einem Buch weder etwas vorzumachen noch zu verheimlichen.

Setzen Sie sich Ziele, auf die Sie sich wirklich freuen.

Es kann schwierig sein, jemanden zu finden, der Sie auf dem Weg zu sich selbst und bei der Erfüllung Ihrer persönlichen Wünsche unterstützt. Bei jedem Menschen kommen früher oder später eigene Interessen ins Spiel. Das fängt bei den Eltern an. Wer hat schon Eltern, die einem auch dann noch helfen, wenn es ihren eigenen Vorstellungen widerspricht? Es geht weiter mit den LehrerInnen. Sie unterstützen Sie gerne, wenn Sie dasselbe wollen wie sie, entziehen Ihnen aber oft ihr Wohlwollen, sobald ihre Interessen nicht mehr übereinstimmen. Und wie ist es mit Freunden, Partnern, KollegInnen? Wo verläuft die Grenze? Wann fangen diese an, Ihnen Ihre Wünsche auszureden? Wie sieht es mit »professionellen Freunden« wie Psychotherapeuten und Pfarrern aus? Eigentlich sollten diese in der Lage sein, Ihnen verständnisvoll zuzuhören und Sie in Ihren Zielen zu unterstützen. Aber auch Pfarrer sind nur Menschen und auch Psychotherapeuten haben unerfüllte Wünsche. Wenn Sie nun ausgerechnet das möchten, was Ihrem »professionellen Freund« bisher versagt blieb? Kann und will er Ihnen dann helfen?

Jedes Verständnis hat Grenzen. Auch Sie selbst hätten wahrscheinlich Schwierigkeiten, Ihren Kindern, Schülern, Kollegen, Kunden, Patienten und Mandanten, Ihrem Ehepartner oder Ihrer Geschäftspartnerin weiterzuhelfen, wenn Ihre eigenen Interessen berührt, ja vielleicht sogar verletzt würden. Deshalb möchte ich Ihnen Wege zeigen, wie Sie sich vor allem selbst unterstützen können, um Ihre Ziele zu erreichen. Es gibt viele Bücher und professionelle Helfer, die Unternehmern und Managern beratend zur Seite stehen, wenn es darum geht, dass diese ihre wirtschaftlichen Ziele und Interessen auf dem Markt durchsetzen können. Es gibt aber vergleichsweise wenige Bücher, die über wirtschaftliche Erfolge hinausgehen. Wenn überhaupt, werden das Lebensglück und die Lebensträume nur wolkig und verblümt dargestellt.

Viele Ratgeber setzen einfach voraus, dass man weiß, was man will, die ganze Zeit über motiviert ist und nahezu problemlos ans Ziel gelangt, ohne sich mit Ängsten, Enttäuschungen, Gegnern und Ablenkungen auseinander setzen zu müssen. Wenn das alles so einfach wäre, bräuchte man überhaupt kein Buch und keine Beratung zu diesem Thema. Da, wo ich lebe, gibt es Probleme. Die meisten Hindernisse lassen sich weder wegdefinieren noch wegdiskutieren. Und trotzdem kann man in dieser Welt seine Träume verwirklichen – wenn man weiß, wie es geht.

Folgen Sie Ihrer eigenen Erfolgsstrategie

Denken Sie einmal an größere Vorhaben, die Ihnen gelungen sind, zum Beispiel Ausbildungen, Führerschein, Jobsuche, berufliche Erfolge, Freundschaften, glückliche Ehe, Kindererziehung, Wohnungseinrichtung, Hausbau, Umzüge, Reisen, Kauf wichtiger Dinge. Wie haben Sie das geschafft?

Hatten Sie bei Ihren Unternehmungen ein konkretes Bild vor Augen? Haben Sie Kriterien aufgestellt, die Ihnen wichtig waren? Woher wussten Sie, was Sie wollten?

Welche Gründe hatten Sie, es zu schaffen? Haben Sie sich auf das Erreichen Ihrer Ziele gefreut? Was hat Ihnen ermöglicht, immer wieder weiterzumachen?

Wie sind Sie im Einzelnen vorgegangen? Was war der erste Schritt? Wie ging es weiter? Woher wussten Sie, was zu tun ist, um ans Ziel zu gelangen? Wie haben Sie sich informiert? Haben Sie Ihre Pläne aufgeschrieben?

Wie viele Pausen haben Sie auf Ihrem Weg eingelegt? Haben Sie sich Zeit gelassen oder sehr beeilt? Was war schwer und warum? Was haben Sie getan, um es sich leichter zu machen? Machen Sie lieber alles alleine oder zusammen mit anderen?

Welche Hindernisse mussten Sie bewältigen, bevor Sie ans Ziel gelangten? Wie haben Sie auf Hindernisse reagiert? Was hat Ihnen bei der Bewältigung Ihrer Probleme geholfen? Wer hat Sie in welcher Weise unterstützt?

Wenn Sie sich Ihre gelungenen Projekte ansehen, können Sie bestimmte Muster erkennen? Was hat alles dazu beigetragen, dass Sie es geschafft haben?

Bitte nehmen Sie sich Zeit für Ihre Überlegungen. Sie können etwas sehr Wertvolles entdecken, nämlich Ihre individuelle Erfolgsstrategie. Vermutlich haben Sie sie bisher unbewusst angewandt. Sobald sie Ihnen bewusst ist, können Sie sie gezielt bei allen künftigen Projekten einsetzen.

Machen Sie sich Ihre eigene Art und Weise, erfolgreich zu sein, bewusst.

Ihre persönliche Erfolgsstrategie kann Ihnen mehr als alles andere helfen, Ihre Ziele auch tatsächlich zu erreichen; denn sie hat sich bereits mehrfach bewährt. Vielleicht haben Sie sich noch nie überlegt, was Sie tun, wenn Sie erfolgreich sind, oder Sie haben es vergessen, oder Sie schätzen Ihre eigene Strategie nicht, weil sie nicht dem gängigen Klischee von harter Arbeit entspricht.

Sie können Ihre Strategie durch den einen oder anderen Trick aus diesem Buch ergänzen, aber im Wesentlichen sollten Sie von dem ausgehen, was Sie bereits können. Sie fangen nicht bei null an. Sie sind bereits erfolgreich, vielleicht erfolgreicher, als es Ihnen bewusst ist. Manchmal haben wir falsche Vorstellungen von Erfolg und Misserfolg. Deshalb lohnt es sich, ein paar dieser Irrtümer einmal unter die Lupe zu nehmen.

Mythen über Erfolge

Mythos Nr. 1: Einige Menschen sind einfach immer erfolgreich. Egal, was sie anfassen, es wird zu Gold.

Das ist Unsinn. Kein Mensch ist immer erfolgreich. Andauernden Erfolg gibt es im Paradies. Wir leben auf der Erde. »Siegertypen« sind bei näherem Hinsehen nämlich Menschen wie du und ich. Auch sie haben ihre Probleme und Misserfolge. »Siegertypen« leiden, bekommen Pickel und Krankheiten, altern und sterben wie alle anderen auch. Schauen Sie sich das Leben dieser Erfolgsgenies an. Erfolg ist die eine Seite. Die andere Seite sieht beispielsweise so aus: Scheidungen, Pleiten, Krankheiten und Macken.

Geben Sie mir eine Erfolgsstory, und ich zeige Ihnen, was daran nicht stimmt. Als Menschen neigen wir dazu, andere zu idealisieren und Legenden zu bilden. Wir haben das Bedürfnis nach vollkommenen Vorbildern, weil uns die Illusion gefällt, irgendwann auf wunderbare Weise genauso vollkommen zu werden wie sie.

Auf der Bühne des Lebens werden die Rollen oft wie im Theater verteilt. Da gibt es die Guten und die Bösen, die Gewinner und die Verlierer. Niemand darf dann aus der Rolle fallen. Gewinner bleiben Gewinner und Verlierer Verlierer. Wenn die Rolle des Versagers besetzt ist, können sich alle anderen als Gewinner fühlen. Fallen Sie auf dieses Kasperletheater nicht herein. Erlauben Sie sich, die guten und schlechten Seiten, die Erfolge und die Niederlagen bei sich und anderen zu sehen.

Menschen sind unvollkommen. Es gibt zwei Möglichkeiten, damit umzugehen: die Unvollkommenheit leugnen oder einfach akzeptieren. Wir müssen nicht vollkommen sein, um glücklich sein zu können. Es gibt genug Leute, die unvollkommen und glücklich zugleich sind. Diesen gelassenen Umgang mit der Unvollkommenheit kann jeder lernen. Wir brauchen weder HeldInnen noch Siegertypen als Vorbilder.

Lassen Sie sich vom strahlenden Lächeln der »Sieger« nicht täuschen. Diese Leute verschweigen einfach ihre Niederlagen. Das ist alles. Auch diesen Menschen gelingt vieles nicht, aber sie reden nicht darüber, weil sie das Image des Siegers aufbauen wollen, in der Hoffnung, dass wir darauf hereinfallen.

Mythos Nr. 2: Wenn man etwas wirklich will, dann schafft man es auch. Umgekehrt gilt: Wenn man es nicht schafft, dann wollte man nicht wirklich.

Die Vorstellung, dass es nur aufs Wollen ankommt, ist schlichter Aberglaube. Richtig ist, dass der Erfolg wahrscheinlicher wird, wenn man motiviert und aktiv ist. Aber das allein reicht nicht aus. Können Sie anordnen, welches Wetter morgen sein soll? Können Sie die anderen Menschen zwingen, sich so zu verhalten, wie es Ihnen passt?

Jeder weiß, dass wir manchmal – sogar öfter, als uns lieb ist – ohnmächtig zusehen müssen, wie etwas ohne oder gegen unseren Willen geschieht. Deshalb ist es absurd zu behaupten, man müsse nur wollen, dann könne man alles erreichen. Daraus spricht eine Selbstüberschätzung, die man jungen Menschen mit wenig Lebenserfahrung zugestehen kann, die aber mit zunehmendem Alter immer alberner wirkt. Nicht einmal wenn jemand ein Glas Wasser trinken will, hängt der Erfolg allein von seinem Willen ab. Vielleicht wird gerade das Wasserrohr repariert und das Wasser ist abgestellt. Um wie viel weniger sind dann größere Ziele allein vom eigenen Willen abhängig.

Früher glaubten die Menschen an Gott und dachten, sein Wille solle geschehen. Sie sahen die Welt als von Gott geschaffen und geordnet an. Sie waren überzeugt, nur einen kleinen Ausschnitt des Ganzen zu sehen, und nahmen an, dass alles, was geschehe, irgendeinen Sinn haben müsse, auch wenn sie ihn aufgrund ihrer Kleinheit nicht erkennen könnten. Demut galt als Tugend. Heute weiß kaum noch jemand, was dieses Wort bedeutet.

Nicht dass wir uns missverstehen: Natürlich glauben auch heute noch viele Menschen an Gott. Und unabhängig davon sind viele der Überzeugung, dass nicht alles in ihrer Macht liegt. Doch die Zahl derer scheint zuzunehmen, die meinen, alles sei dem Menschen möglich.

Mythos Nr. 3: Jeder ist seines Glückes Schmied.

Dieser Mythos ist eine Version von Mythos Nr. 2. Die Welt ist keine Schmiede. Sie ist ein bisschen größer und weniger überschaubar als eine Schmiede. Außerdem ist keiner Alleinunternehmer, sondern es gibt noch ein paar andere Menschen – zur Zeit zirka 6 Milliarden – in dieser »Schmiede«. Das macht es ein bisschen schwierig mit dem eigenen Glück. Die anderen wollen auch alle glücklich sein, und zwar jeder auf seine Weise. Dabei reiben sich die Interessen und es kommt zu Konflikten.

Ein paar Neunmalkluge behaupten zwar, wir seien alle eins und wollten alle dasselbe. Aber da, wo ich lebe, sind nicht alle eins und wollen auch nicht dasselbe. Die beste Antwort auf den Satz »Ich will doch nur dein Bestes« ist immer noch: »Das kriegst du aber nicht.« Und wenn jemand sagt: »Wir sitzen doch alle im selben Boot«, fragen Sie sofort: »Und wer rudert?«

Ob Sie glücklich und erfolgreich sind, hängt nicht nur von Ihnen ab. Übernehmen Sie Ihren Teil der Verantwortung, aber tragen Sie nicht die ganze Last. Sie sind für Ihr Glück mitverantwortlich, nicht mehr und nicht weniger.

Mythos Nr. 4: Erfolg ist *99 Prozent Transpiration und 1 Prozent Inspiration.* Soll heißen: Wir müssen wie blöde schuften, um es zu schaffen, und wer sich nicht abmüht und leidet, ist ein Opfer des inneren Schweinehunds.

Lassen Sie sich nicht einreden, Sie müssten Ihren inneren Schweinehund besiegen. Der innere Schweinehund ist Ihr Freund. Wenn Sie ihn umbringen, dann sterben Sie als Zweiter. Denken Sie an Jim Fixx. Er war der Star der Joggingbewegung und hat einen Bestseller über das Joggen geschrieben. Er hatte sich geschworen, nie einen Tag mit dem Joggen auszusetzen. Jim Fixx hat seinen inneren Schweinehund gekillt, und das hat er nicht überlebt. Ein paar Leute versuchen, seinen Tod herunterzuspielen. Sie sagen, er habe schlechte Gene gehabt usw. Mag ja sein, aber andere haben auch schlechte Gene und leben trotzdem noch.

Winston Churchill hatte eine andere Lebensdevise: No sports. Mittags hat er sich eine Stunde aufs Ohr gelegt. Er war der Meinung, man solle keine halben Sachen machen, sondern sich richtig ins Bett legen. Auch während des Zweiten Weltkriegs hat er daran festgehalten. Er meinte, zu dieser Zeit hätte er es überhaupt nicht ohne diese Pause geschafft. Leider tun viele in Zeiten des Stresses das Gegenteil. Sie verringern ihre Erholungspausen, anstatt sie zu erhöhen oder wenigstens beizubehalten.

Sie tun gut daran, eine Grundsatzentscheidung zu treffen: Wollen Sie Ihr Ziel erreichen, oder wollen Sie stolz sein auf harte Arbeit? Das ist nicht dasselbe. Sie können viel arbeiten und wenig erreichen. Und Sie können wenig arbeiten und viel erreichen.

Die Gehirnwäsche, dass Leistung dasselbe sei wie Erfolg, ist in unserer Kultur seit mindestens 300 Jahren im Gange. Es wird wahrscheinlich einige Jahrhunderte dauern, bis sie wieder aus den Köpfen der Leute heraus ist. Noch immer haben wir das Bewusstsein einer Agrargesellschaft, so als ob Ochse und Holzpflug unsere einzigen Hilfsmittel wären. Aufgrund der hohen Produktivität in einer hoch entwickelten Industriegesellschaft könnten wir es uns schon lange leisten, höchstens 20 Stunden pro Woche zu arbeiten. Die 40-Stunden-Woche war bereits Ende der Sechzigerjahre ein Anachronismus. Die Menschen wären in früheren Zeiten glücklich gewesen, wenn Sie so wirksame Werkzeuge gehabt hätten wie wir. Wir verfügen über moderne Stahlwerke, Autos, Computer usw. Trotzdem tun wir so, als ob es notwendig sei, immer noch hart zu arbeiten. 40, 60 oder 80 Stunden, je mehr, desto besser.

Machen wir uns nichts vor, das ist einfach die Fortsetzung von Gewohnheiten, die in der Agrargesellschaft oder in den Anfängen der Industriegesellschaft entstanden sind.

Manchmal steckt auch einfach Sucht dahinter, auf Neudeutsch: workoholism.

Falls Sie mir nicht glauben, dass Menschen mit wenig Arbeit ein gutes Leben leben können, lesen Sie bitte die Bücher von Helen und Scott Nearing. Die beiden haben sich ein Grundstück gekauft, ihre Lebensmittel selbst angepflanzt, Ahornsirup geerntet und damit gehandelt. Sie haben ihre Häuser selbst gebaut und so gelebt, wie es ihnen gefiel. Als sie damit begannen, war Scott 50 Jahre alt und Helen Nearing 30. Scott starb mit 100 Jahren, Helen mit 90. Beide hatten sich von Anfang an vorgenommen, an sechs Tagen in der Woche 4 Stunden zu arbeiten, vormittags oder nachmittags, 6 Monate im Jahr. In den übrigen 6 Monaten wollten sie Bücher schreiben, Reisen unternehmen und vieles mehr. Sie haben niemanden ausgebeutet, kontinuierlich gearbeitet und ihre Interessen gepflegt. Das nannten sie ein gutes Leben.

Also lassen Sie sich nicht einreden, man müsse arbeitssüchtig sein, um etwas zu schaffen. Dieser Mythos ist Irrsinn. Er wird durch die Zahl der Irren, die ihm folgen, nicht besser. Auch Alkoholismus wird durch die Zahl der Alkoholiker nicht sinnvoller. Andererseits behaupte ich nicht, dass Sie für Ihre Ziele nichts tun müssen. Tun Sie das Richtige und das Wichtige, und dann lassen Sie es gut sein.

Mythen bestehen aus extremen Ansichten. Die Meinung, es gebe Sieger- und Verlierertypen, ist extrem. Menschen machen beide Erfahrungen. Sie erleben Erfolge und Misserfolge. Ohne das eine wüsste man gar nicht, was das andere ist.

Die Meinung, es komme nur auf den eigenen Willen an, ist ebenfalls extrem. Die innere Einstellung ist zwar eine Voraussetzung für den Erfolg, aber nicht die einzige.

Die Auffassung, harte Arbeit mache 99 Prozent des Erfolgs aus, ist so verkehrt wie die Ansicht, dass das Universum einem die Erfolge schenke. Tatsächlich kommt es darauf an, Arbeit und Erholung immer wieder auszugleichen. Sonst endet man möglicherweise wie Jim Fixx. Machen Sie es lieber wie Scott und Helen Nearing. Leben Sie das gute Leben jenseits der Extreme.

Fünf Schritte zum Ziel

Wenn Sie ein Ziel erreichen wollen, müssen Sie die folgenden fünf Voraussetzungen erfüllen. Sie stellen die Grundstruktur jedes Erfolgs dar.

1. Setzen Sie sich ein Ziel.
Dieser Punkt erscheint auf den ersten Blick selbstverständlich. Wie will man etwas erreichen, wenn man nicht weiß, was?

Trotzdem übersehen viele diesen Ausgangspunkt. Sie suchen nach »etwas«, wissen aber nicht genau, wonach, und wundern sich, wenn sie nichts finden.

Nehmen wir einmal an, Sie wollten eine Reise machen. Solange Sie nicht wissen, wo Sie hinwollen, können Sie nicht losfahren. Es reicht auch nicht, das Reiseziel ganz allgemein zu bestimmen. Wenn Sie sagen, dass Sie nach Frankreich möchten, sind Sie in Frankreich, sobald Sie die französische Grenze an irgendeinem beliebigen Punkt überschritten haben. Und dann? Dann stehen Sie immer noch vor der Frage, wo Sie hinwollen.

Oft ist man sich seines Ziels nicht bewusst. Man geht einfach los und findet »es«, obwohl man nicht in der Lage gewesen wäre, es einem anderen zu beschreiben. Ziele können bewusst oder unbewusst sein.

2. Motivieren Sie sich.

Ihre Motivation ist die Seele des Erfolgs. Wenn Sie keine guten Gründe haben, schaffen Sie es nicht. Es kommen nur Gründe in Betracht, die Sie veranlassen zu handeln. Alle anderen sind bedeutungslos. Ihre Motive können Ihnen bewusst sein oder nicht. Wenn Sie welche haben, bewegen Sie sich auf Ihr Ziel zu. Wenn nicht, dann nicht.

Spaß ist der einzige Antrieb, der auf Dauer funktioniert.

Die beste Motivation ist Spaß. Sie könnten auch sagen: Freude, Interesse, Lust oder Vergnügen. Jedenfalls ist Spaß der einzige Antrieb, der auf Dauer funktioniert.

3. Machen Sie einen Plan.

Wie wollen Sie Ihr Ziel erreichen? Im Allgemeinen gibt es mehrere Möglichkeiten. »Viele Wege führen nach Rom« lautet ein Sprichwort. Deshalb muss man sich für einen Weg entscheiden.

Letztlich ist es egal, wie Sie ans Ziel kommen. Hauptsache, Sie schaffen es überhaupt. Der Plan muss in keiner Hinsicht perfekt sein, aber ohne Plan geht es nicht. Selbst wenn Sie ins Blaue starten, brauchen Sie eine Idee, wie Sie anfangen.

4. Handeln Sie.

Manche Leute handeln ohne klare Ziele. Das ist sinnlos; denn sie wissen nicht, was sie tun. Viele kaufen sich jedes neue Produkt, ohne sich zu fragen, wofür sie es überhaupt brauchen.

Diejenigen, die ohne Plan handeln, sind Chaoten. Sie fangen irgendwo an, machen irgendwie weiter und hören irgendwann auf, nur um festzustellen, dass sie wieder da sind, wo sie begonnen haben.

Es gibt aber auch Weltmeister im Planen, Theoretiker, die selten etwas ausführen und dementsprechend nicht vorankommen (es sei denn, sie finden jemand, der ihnen das Handeln abnimmt).

Auch wenn Sie kein besonders aktiver Mensch sind, müssen Sie etwas für Ihre Ziele tun. Nehmen wir noch einmal das Reisen als Beispiel. Sie haben sich also entschlossen, nach Paris zu fahren. Sie wissen, wie Sie dort hinkommen, wann es losgeht, wen und was Sie mitnehmen, was Sie in Paris machen wollen und wann Sie zurückfahren. Nun müssen Sie Ihre Pläne auch umsetzen. Sonst bleiben Sie dort, wo Sie sind. Sie müssen in den Zug steigen, in Paris aussteigen, ins Hotel gehen und so weiter. Müssen heißt nicht, dass Sie gezwungen wären, dies alles zu tun. Es heißt nur, dass Sie nicht vom Fleck kommen, wenn Sie es nicht tun. Also handeln Sie, wenn Sie Ihre Träume wahr machen wollen.

Handeln Sie, wenn Ihre Träume in Erfüllung gehen sollen.

5. Überwinden Sie alle Hindernisse.
Auf Ihrem Weg werden Sie auf kleine und große Hindernisse stoßen. Hoffen Sie nicht, dass Ihnen Hindernisse erspart bleiben. Lernen Sie lieber damit umzugehen.

Sie können natürlich auch allen Schwierigkeiten aus dem Weg gehen. Dann werden Sie nur die absolut unproblematischen Ziele erreichen und jedes Mal, wenn es schwierig wird, aufgeben. Also lernen Sie lieber, die Probleme zu lösen, dann wird es mit der Zeit immer leichter.

Häufig denken wir nur an die äußeren Probleme: wenn andere Menschen sich quer stellen, Wege unpassierbar werden usw. Aber noch viel schwerwiegender können innere Hindernisse sein: Ängste, Zweifel, Enttäuschungen und Wut. Wenn Sie zu große Angst haben, wird es Ihnen unmöglich, anzufangen oder weiterzumachen. Bei zu starken Zweifeln oder Enttäuschungen werden Sie aufgeben. Auch Wut und Zorn können Sie von Ihrem Ziel ablenken.

Hindernisse müssen nicht immer unangenehm sein. Es gibt auch viele reizvolle Hindernisse, Verlockungen, die Sie vom Weg abbringen können. Plötzlich erscheint Ihnen ein anderes

Ziel viel interessanter. Das bedeutet aber gleichzeitig, dass Sie Ihr ursprüngliches Ziel nicht erreichen.

Eines haben alle Hindernisse gemeinsam: sie verlangen eine Reaktion von Ihnen. Entweder Sie machen weiter oder Sie hören auf.

Hindernisse wirken sich zuerst auf die Motivation aus. Sie verlieren den Spaß an der Sache. Ihr anfänglicher Optimismus schlägt in Pessimismus um. Sie glauben nicht mehr, dass Sie es schaffen werden. Das muss aber nicht sein. Sie können Ihre gute Laune auch behalten und nach Wegen suchen, um die Hindernisse zu überwinden.

Drei Beispiele

1. Ein alltägliches Beispiel: Ihr Ziel ist es, einen Apfel zu essen.

Warum wollen Sie einen Apfel essen? Ihre Motivation ist klar: Sie haben Appetit darauf. Schon bei dem Gedanken an einen Apfel läuft Ihnen das Wasser im Mund zusammen. Der Geschmack gefällt Ihnen.

Wie können Sie Ihr Ziel erreichen? Indem Sie in die Küche gehen, dort einen Apfel nehmen, diesen abwaschen, mit einem Messer in vier Teile schneiden und essen. Ihr Plan sieht also so aus: 1. In die Küche gehen, 2. einen Apfel nehmen, 3. den Apfel waschen, 4. ihn in vier Teile schneiden, 5. essen.

Sie fangen an, den Plan zu verwirklichen. Die erste Aktion ist einfach: Sie gehen in die Küche. Nun tritt ein Hindernis auf: In der Obstschale sind keine Äpfel. Ihre Kinder haben alle aufgegessen. Wie reagieren Sie? Sie haben zwei Möglichkeiten. Entweder Sie geben auf oder Sie machen weiter. Wenn Sie Ihr Ziel erreichen wollen, kommt nur die zweite Alternative in Frage. Also: Sie halten sich wieder Ihr Ziel vor Augen. Sie wollen nach wie vor einen Apfel essen. An Ihrer Motivation hat sich nichts geändert. Sie haben immer noch Appetit auf einen Apfel.

Sie fragen sich erneut: »Wie kann ich dieses Ziel erreichen?« und machen einen neuen Plan: 1. Den Mantel anziehen, 2. zum nächsten Obstladen gehen, 3. ein Kilo Äpfel kaufen, 4. nach Hause gehen, 5. den Mantel ausziehen, und dann weiter wie oben.

Die erste Aktion besteht also darin, den Mantel anzuziehen, die zweite, zum Obstladen zu gehen, und so weiter. Diesmal klappt alles. Sie sind am Ziel. Sie essen einen Apfel und genießen den Geschmack, so wie Sie es sich am Anfang vorgestellt haben.

In diesem Beispiel geht es »bloß« um einen Apfel. Aber die Strategie, die Ihnen hilft, einen Apfel zu essen, bringt Sie auch in die Südsee.

2. Ein nicht so alltägliches Beispiel: Ihr Ziel ist es, im nächsten Jahr an einem Marathonlauf teilzunehmen. Das bedeutet, dass Sie in der Lage sein müssen, 42,2 km zu laufen.

Warum wollen Sie an einem Marathonlauf teilnehmen? 1. Sie haben früher an Langstreckenläufen teilgenommen, und es hat Ihnen Spaß gemacht. 2. Sie möchten gerne wissen, ob Sie jetzt auch fähig sind, 42,2 km zu laufen. 3. Sie haben öfter als Zuschauerin Marathonläufe beobachtet. Die Atmosphäre hat Ihnen gefallen, und Sie haben Lust, als Läuferin dabei zu sein. Diese Gründe (Spaß, Neugier, Lust) stellen Ihre Motivation dar.

Wie können Sie Ihr Ziel erreichen? Ihr Plan könnte so aussehen: 1. Herausfinden, was andere tun, um sich auf einen Marathonlauf vorzubereiten (wie sie trainieren, sich ernähren usw.): Bücher über Marathontraining lesen, erfahrene Marathonläufer um Rat fragen, zu einem Sportarzt gehen usw. 2. Eine Trainingsmethode auswählen, mit der Sie persönlich gut zurechtkommen. 3. Die notwendige Ausrüstung kaufen (ein Paar gute Laufschuhe, Trainingskleidung usw.). 4. Eine Trainingsstrecke finden. 5. Jede Woche regelmäßig trainieren. 6. Sich zu einem Marathonlauf anmelden. 7. An dem Lauf teilnehmen.

Was tun Sie? Ihre erste Aktion besteht darin, in die Stadtbücherei zu gehen und sich ein paar Bücher über Marathonlauf auszuleihen. Ihre zweite Aktion: sich nach einem Trainer erkundigen usw. Falls Hindernisse auftauchen, fangen Sie wieder bei Eins an. Sie halten sich Ihr Ziel vor Augen, motivieren sich, tüfteln einen neuen Plan aus und machen weiter, bis Sie Ihr Ziel erreicht haben.

3. Ein ungewöhnliches Beispiel: Ihr Ziel steht fest: In drei Jahren wollen Sie nach Alaska ziehen und dort leben.

Warum wollen Sie nach Alaska ziehen? Was ist Ihre Motivation? 1. Sie haben einen Reisebericht über Alaska gelesen und sind begeistert. 2. Sie fühlen sich in Schnee- und Eislandschaften zu Hause. 3. Sie interessieren sich für Hundeschlittenrennen. Sehr gern würden Sie auch einmal an einem solchen Rennen teilnehmen. 4. Sie haben vor Jahren jemand aus Alaska getroffen und sich auf Anhieb mit ihm verstanden.

Ihr Plan könnte so aussehen: 1. Sich über Alaska informieren. 2. Sich erkundigen, was bei einer Auswanderung alles zu beachten ist. 3. Englisch lernen. 4. Jedes Jahr sechs Wochen dorthin fahren und das Land kennen lernen. 5. Sich für einen bestimmten Ort entscheiden. 6. Kontakte knüpfen. 7. Möglichkeiten finden, in Alaska Geld zu verdienen. 8. Ein Haus oder eine Wohnung finden. 9. Eine Aufenthaltsgenehmigung besorgen. 10. Alles tun, was sonst noch nötig ist. 11. Nach Alaska ziehen und dort leben.

Diese Punkte dürften in etwa das Minimalprogramm für eine Auswanderung nach Alaska darstellen. Am Anfang reicht ein provisorischer Plan aus. Sie müssen ihn sowieso laufend ergänzen, ändern und verbessern.

Ihre erste Aktion besteht darin, in einen Buchladen zu gehen und sich Bücher über Alaska anzusehen. Sie könnten auch als Erstes mithilfe einer Kleinanzeige Leute suchen, die (eine Zeit lang) in Alaska gelebt haben. Oder Sie suchen im Internet nach Informationen. Bei diesem Projekt werden Sie bestimmt auf Hindernisse stoßen. Viele Punkte des Plans bergen Probleme. Es könnte sein, dass Sie keine Möglichkeit finden, in Ihrem bisherigen Beruf in Alaska zu arbeiten. Dann müssten Sie zusätzlich noch einen Berufswechsel planen. Vielleicht erhalten Sie zunächst keine Aufenthaltserlaubnis. Oder Sie bekommen große Zweifel, ob Sie hier wirklich alles aufgeben sollten. Was ist mit Ihrer Familie und Ihren Freunden, die Sie hier haben? Was ist, wenn Ihre Frau definitiv erklärt, dass sie auf keinen Fall nach Alaska auswandern will?

Für jedes Problem müssen Sie eine Lösung finden, wenn Sie nach Alaska ziehen und dort leben wollen. Sie werden wahrscheinlich mehrfach vor der Frage stehen, ob Sie aufgeben oder weitermachen. Vielleicht geht es aber auch leichter, als Sie am Anfang glaubten.

Wie auch immer, Sie sehen, dass die Struktur des Erfolgs stets gleich bleibt, egal, ob Sie einen Apfel essen, Marathon laufen oder nach Alaska ziehen wollen.

Das Spiel des Lebens

Die Grundstruktur des Erfolgs ist so elementar, dass man sie zu allen Zeiten in allen Kulturen findet. Sie kennen bestimmt das Brettspiel *Mensch ärgere dich nicht.* Zwei bis vier Parteien bekommen je vier Spielsteine, die sie auf einen Rundkurs schicken. Die Spieler können die Spielsteine der anderen Parteien hinauswerfen. Je öfter sie das tun, desto länger dauert das Spiel.

Mensch ärgere dich nicht geht auf ein Spiel zurück, das in Indien seit Jahrtausenden gespielt wird. Es heißt *Pachisi*. Die Grundidee des Spiels ist deutlich mit der hinduistischen und buddhistischen Lebensauffassung verbunden. Menschen werden geboren und begeben sich auf ihren Lebensweg. Unterwegs treffen sie auf Gegner und Verbündete. Nach einer Kette von Ereignissen schließt sich der Kreis wieder. Das Spiel endet auf demselben Feld, auf dem es begonnen hat. Das Hinausgeworfenwerden und Wiederanfangen entspricht dem Glauben an Tod und Wiedergeburt. Auf seiner Lebensreise erlebt jeder Mensch Freude und Leid. Nach vielen Kreisläufen erreicht er am Ende das Ziel, den ewigen Frieden. Das Spiel kommt zur Ruhe. Der Mensch ist erlöst.

Pachisi findet man in vielen Kulturen und auf vielen Kontinenten. In Nordamerika heißt es *Parcheesi* oder *Chessindia*. In Deutschland gab es Variationen unter den Namen *Eile mit Weile, Der Weg zur Herberge, Mit Bedacht zum Ziel, Immer vorwärts, Mir kann keiner*. In England kennt man es unter Namen wie *Ludo, India*, in Frankreich als *Jeu de Dada, Petits chevaux*, in Italien als *Chi va piano va sano, Non tarrabiare*, in Spanien als *Parchis*. Bereits die Azteken spielten ein ähnliches Spiel namens *Patolli*. Einige Forscher meinen, es wurde in Korea schon vor dreitausend Jahren gespielt.

Wie dem auch sei, *Pachisi* symbolisiert das Leben. Es gibt einen Anfang und ein Ende. Auf der Reise trifft man auf viele Komplikationen. Freunde und Gegner beeinflussen den Spielverlauf. Man erlebt die ganze Bandbreite der Gefühle. Ärger, Enttäuschung, Sorge, Mitleid und Neid kommen ebenso auf wie Freude, Begeisterung und Zufriedenheit.

Wir finden in diesem Spiel die Grundstruktur des Erfolgs: Das Ziel besteht darin, die eigenen Spielfiguren als Erster nach Hause zu bringen. Die Motivation ist die Spielfreude. Die Spieler machen Pläne. Sie überlegen, wie sie ihre Spielsteine am besten setzen können. Eine Aktion folgt der anderen. Hindernisse machen den Spielern einen reibungslosen Ablauf schwer. Wer mit dem größten Glück und Geschick seine Steine durch alle Turbulenzen hindurchbringt, gewinnt. Wer diesmal Pech hat, kann bei der nächsten Partie erfolgreich sein.

In *Mensch ärgere dich nicht* zeigt sich die Grundstruktur des Erfolgs.

Der Stoff, aus dem die Märchen sind

Auch Märchen weisen die Grundstruktur des Erfolgs auf. Der Held möchte die Tochter des Königs heiraten, aber bevor er dieses Ziel erreicht, muss er viele Abenteuer bestehen. Ein bunter Reigen aus Plänen, Aktionen und Hindernissen entfaltet sich vor dem Leser. Das Ziel besteht immer darin, einen großen Schatz und damit ein glückliches Leben zu erlangen. Das wunderbare Ziel stellt für den Märchenhelden einen enormen Anreiz dar. Er ist voll motiviert, auch wenn ihn gelegentlich der Mut verlässt und er die Hilfe von Zaubererinnen, Feen, Geistern, Zwergen und magischen Gegenständen wie Siebenmeilenstiefeln und fliegenden Teppichen braucht. Zum Schluss heißt es dann: »Und sie lebten glücklich bis ans Ende ihrer Tage.«

Sagen, Romane und Drehbücher sind aus demselben Stoff gemacht. Der Held oder die Heldin hat ein Ziel vor Augen. Alles könnte ganz einfach und die Geschichte in zwei Minuten erzählt sein. Aber dann setzen die kleinen und großen Katastrophen ein. Der Held oder die Heldin wird gefangen genommen, gerät in einen bösen Verdacht. Wirbelstürme, Monster und Aliens sorgen für Chaos. Kriege brechen aus und so weiter und so weiter. Der Fantasie sind keine Grenzen gesetzt. Die anfänglichen Ziele rücken in weite Ferne. Aber schließlich

erreicht der Held oder die Heldin mehr oder weniger rampo-
niert das Ziel und darf auf eine glückliche Zukunft hoffen –
bis zur Fortsetzung des Films.

Die Struktur des Misserfolgs

An den Beispielen, wie man Ziele erreicht, am Aufbau von
Spielen und Märchen sehen Sie, dass die Ziele sich ändern, die
Struktur des Erfolgs aber immer gleich bleibt.

Lassen Sie uns nun ein Experiment machen. Wenn die
Struktur des Erfolgs richtig beschrieben ist, dann müsste man
durch eine einfache Umkehrung der Prinzipien die Struktur
des Misserfolgs erhalten. Das heißt, um erfolglos zu sein,
müssten Sie Folgendes tun:

1. Vermeiden Sie es, sich Ziele zu setzen. Lassen Sie alles auf
   sich zukommen. Lassen Sie die anderen bestimmen, was Sie
   beruflich und privat tun sollen.
2. Ruinieren Sie jede Motivation, indem Sie sich auf die nega-
   tiven Seiten Ihres Ziels, Ihres Plans und Ihres Handelns
   konzentrieren. Finden Sie das Haar in der Suppe. Verderben
   Sie sich jede Freude, die Sie bei der Realisierung Ihres Ziels
   finden könnten.
3. Unterlassen Sie es zu planen. Falls Sie es in einem schwa-
   chen Moment doch tun, werfen Sie jeden Plan sofort wieder über den Haufen. Handeln Sie jederzeit spontan. Dann
   werden Sie durchs Leben flippen wie eine Kugel im Spiel-
   automaten, bald hierhin, bald dorthin, chaotisch und
   unberechenbar, allen Zufällen und fremden Kräften ausgeliefert.
4. Bleiben Sie passiv. Schauen Sie den anderen zu. Finden
   Sie eine Ausrede, wenn Sie selbst handeln müssten. Freuen
   Sie sich über die Misserfolge der anderen und ignorieren

Sie alle Menschen, die zielstrebig und erfolgreich ihre Pläne verwirklichen.

5. Machen Sie aus kleinen Hindernissen große und aus großen Hindernissen riesige. Lehnen Sie jede Hilfe ab. Wo keine Probleme sind, bilden Sie sich welche ein. Erklären Sie jedes Hindernis sofort für unüberwindlich und geben Sie auf. Ärgern Sie sich über das kleinste Problem und sagen Sie: »Die Welt ist einfach zu gemein zu mir.« Erklären Sie sich bei jedem Misserfolg zum ewigen Versager, gehen Sie ins Bett und ziehen Sie die Decke über den Kopf. Warten Sie auf bessere Zeiten oder kaufen Sie sich Paul Watzlawicks Buch *Anleitung zum Unglücklichsein* und befolgen Sie die dort angegebenen Ratschläge genauestens.

Die Strategie des Misserfolgs funktioniert genauso gut wie die des Erfolgs. Aber warum sollte man ihr folgen? Sobald man merkt, dass man auf dem falschen Weg ist, kann man umkehren und die Erfolgsprinzipien anwenden.

Nur fünf Schritte entscheiden über Erfolg und Misserfolg? Gibt es nicht doch *das* Erfolgsgeheimnis?

Fünf einfache Schritte entscheiden also über Erfolg und Misserfolg. Fünf einfache Schritte. Kann das sein? Gibt es nicht doch ein Erfolgsgeheimnis?

Das Geheimnis des Erfolgs

Das Geheimnis des Erfolgs lautet: Es gibt kein Geheimnis. Die anderen kochen auch bloß mit Wasser. Erfolgreiche Menschen halten sich an die fünf Schritte zum Erfolg. Sie haben immer ihr Ziel vor Augen. Sie motivieren sich, planen, sind aktiv und bewältigen alle auftauchenden Schwierigkeiten. Das ist alles. Theoretisch ist es einfach. Praktisch auch, wenn man weiß, wie es geht.

Diejenigen, die wissen, was zu tun ist, haben es relativ leicht. Die anderen mühen sich ab und scheitern. Es ist wie beim Schwimmen. Wenn man weiß, wie es geht, macht es Spaß. Wenn man es nicht weiß, geht man unter. Ist es nicht erstaunlich, dass eine so einfache Technik wie das Schwimmen einen so großen Unterschied macht? Bei den meisten Zielsetzungen geht es nicht um Leben und Tod, aber das Know-how entscheidet sehr wohl über Gelingen oder Scheitern, Vergnügen oder Anstrengung. Ziele erreichen kann so einfach sein wie Schwimmen. Jeder kann es lernen.

Auch wenn es kein Erfolgsgeheimnis gibt, so entscheidet doch eine Fähigkeit mehr als alle anderen, ob man seine Ziele erreicht. Erfolgreiche Menschen sind in der Lage, trotz aller Fehlschläge so lange weiterzumachen, bis sie es geschafft haben. Die Fähigkeit, dranzubleiben, wenn andere aufgeben, unterscheidet die Erfolgreichen von den Erfolglosen.

Wie lange machen Sie weiter? Trauen Sie sich zu, am Ball zu bleiben, wenn Ihre Bemühungen 10-mal misslingen? Können Sie sich vorstellen, 100-mal abgewiesen zu werden und es trotzdem weiter zu versuchen?

Ich will Sie nicht dahin bringen, Misserfolge zu lieben. Lernen Sie einfach, damit umzugehen, indem Sie sie als das betrachten, was sie tatsächlich sind: Ergebnisse, die Ihnen noch nicht das gebracht haben, was Sie wollen. Stellen Sie Misserfolge sachlich fest, ohne sie zu dramatisieren, und planen Sie ruhig und konzentriert den nächsten Versuch. Probieren Sie so lange, bis Sie es geschafft haben.

> **Ein Fehlschlag ist kein Weltuntergang, sondern nur der Verlust einer einzigen Möglichkeit.**

Wenn Sie mit Misserfolgen umgehen können, brauchen Sie nicht einmal die Gewissheit, dass Sie beim nächsten Mal erfolgreich sein werden. Ein Fehlschlag ist nur der Verlust einer einzigen Möglichkeit. Trotzdem tun wir manchmal so, als ob die Welt unterginge.

Machen Sie sich deshalb in Situationen, die Sie als Misserfolg, Verlust oder Niederlage erleben, klar, was genau passiert ist. Halten Sie sich an die reinen Tatsachen. Akzeptieren Sie das Geschehene und lassen Sie es los. Es ist vorbei. Die Vergangenheit können Sie nicht ändern. Wenden Sie sich lieber der Gegenwart und der Zukunft zu. Welche weiteren Möglichkeiten haben Sie, um Ihr Ziel zu erreichen? Was können Sie tun, um wieder glücklich zu sein?

Die Welt ist so groß und bunt und reich an Möglichkeiten, dass wir auf einzelne nicht angewiesen sind. Auch wenn wir uns zeitweise auf bestimmte Ziele und Wege fixieren, gibt es zum Glück viele weitere, die wir entdecken können, sobald wir uns aus der Fixierung lösen.

In dem Bewusstsein, dass es immer mehrere Möglichkeiten gibt, Ziele zu erreichen und glücklich zu sein, kann man Misserfolge und Verluste leichter ertragen und der Zukunft relativ gelassen entgegensehen. Es muss nicht beim ersten Mal und auch nicht beim nächsten Mal klappen. Wenn Sie flexibel bleiben und wie alle erfolgreichen Menschen beharrlich weitermachen, werden Sie am Ende, wie im Märchen, ans Ziel gelangen und glücklich und zufrieden sein.

Kleine Ziele, große Ziele

Bevor Sie das Konzept testen, möchte ich auf die Unterschiede zwischen großen und kleinen Zielen eingehen. Bestimmt erinnern Sie sich an die Verhüllung des Berliner Reichstagsgebäudes. An diesem Projekt haben Christo und Jeanne-Claude Jahrzehnte gearbeitet. Sie können sich vorstellen, wie viele Etappenziele in diesem Vorhaben steckten, zum Beispiel die Zustimmung der Politiker, die Produktion und Entsorgung des Verpackungsmaterials, die Finanzierung, Planung und

Durchführung der Verhüllungsaktion, die Dokumentation des Projekts u.v.m. Jedes dieser Teilziele bestand wiederum aus noch kleineren Unterzielen. Kleine Ziele kann man direkt anstreben, große muss man erst in viele kleine aufteilen. Erst wenn die Details gelingen, kommt der große Erfolg zustande.

Kleine Ziele sind leichter überschaubar. Die Hindernisse sind im Allgemeinen kleiner und besser handhabbar. Wenn man Glück hat, treten bei kleinen Ziele überhaupt keine Probleme auf. Bei großen Zielen, an denen man über Tage, Wochen, Monate oder Jahre arbeitet (vielleicht sogar Jahrzehnte oder ein ganzes Leben lang), begegnen einem fast garantiert auch große Probleme.

Die Motivation ist bei kleinen Zielen nicht so wichtig. Wenn man dagegen längere Zeit an einem Projekt arbeitet, braucht man gute Gründe, um so lange dabeizubleiben.

Bei kleinen Zielen muss einem die Struktur des Erfolgs nicht unbedingt bewusst sein. Man erledigt die Aufgabe einfach, ohne viel nachzudenken. Deshalb wissen viele Menschen gar nicht, wie erfolgreich sie eigentlich sind. Jeden Tag erreichen sie viele Ziele, ohne sie als solche zu begreifen. Das zweimalige Zähneputzen am Tag bedeutet einem vielleicht nichts. Man erledigt es im Halbschlaf. Man sagt vielleicht: »Oh, das ist nichts Besonderes.« Erfolg ist auch nichts Besonderes, es sei denn man betrachtet es so. Eine kleine Geschichte aus dem Zen-Buddhismus verdeutlicht dies: Zwei Zen-Schüler begegnen sich. Der eine erzählt, dass sein Meister durch die Lüfte fliegen und an zwei Orten gleichzeitig sein könne. Dann fragt er den anderen, ob sein Meister auch zaubern könne. »Ja«, antwortet der, »wenn er isst, isst er, und wenn er schläft, schläft er.«

Was zur Routine wird, erscheint wertlos. Nur das Neue reizt. Wenn Sie Ihre erste Million auf dem Konto haben, werden Sie begeistert sein. Die 35. Million nehmen Sie nur noch kurz zur Kenntnis. Bei größeren Zielen ist es unabdingbar, die

Struktur des Erfolgs zu kennen und bewusst anzuwenden. Sie müssen Ihr Ziel definieren, sorgfältig planen, tun, was notwendig ist, sich bei Laune halten und alle Probleme, die unterwegs auftreten, lösen.

Testen Sie das Konzept

Sie können selbst herausfinden, ob Ihnen dieses Konzept etwas bringt, indem Sie es testen. Setzen Sie sich ein Ziel, das Sie gerne erreichen möchten. Überlegen Sie sich, was Sie damit erreichen wollen. Machen Sie einen Plan, und dann fangen Sie an. Hören Sie erst wieder auf, wenn Sie am Ziel sind. Falls Sie auf dem Weg zu Ihrem Ziel nicht weiterkommen, überlegen Sie, was Sie aufhält. Finden Sie einen Weg, trotz der Hindernisse zum Ziel zu kommen. Wie könnte die Lösung aussehen?

Bevor Sie anfangen, schätzen Sie Ihre Motivation ein. Wo stehen Sie mit Ihrer Motivation auf einer Skala von 0 bis 100? 0 bedeutet »Es ist mir völlig egal, ob ich mein Ziel erreiche«. 100 bedeutet »Ich will mein Ziel unbedingt erreichen, koste es, was es wolle«. Entscheiden Sie sich am besten für einen Zehner-Wert, also 0, 10, 20, ..., 90, 100. Die Zahl 50 ist die kritische Marke. Neigen Sie mehr zu 40 oder 60? Tendieren Sie zu »völlig egal« oder »unbedingt wichtig«?

Warum wollen Sie Ihr Ziel erreichen? Schreiben Sie Ihre Gründe auf und bewerten Sie jeden einzelnen Grund auf einer Skala von 0 bis 100. 0 heißt »Dieser Grund lässt mich völlig kalt«, 100 bedeutet »Aus diesem Grund fange ich sofort an und höre nicht eher auf, bis ich es geschafft habe«. Auf diese Weise können Sie schnell feststellen, ob Ihre Gründe Sie wirklich motivieren. Sie werden merken, dass einige Motive Ihnen in Wirklichkeit nichts bedeuten. Bei den wahren Zielen werden Sie aber Gründe finden, die Sie in Schwung bringen.

Widmen Sie sich möglichst nur Zielen, bei denen Sie auf der Motivationsskala 70 oder mehr erreichen. Sie sollten außerdem einige Gründe haben, die Sie beflügeln. Das entspricht einem Wert von 70, 80, 90 oder im Idealfall 100. Entscheidend ist Ihre subjektive Selbsteinschätzung. Je niedriger die Werte auf der Motivationsskala sind, desto schwerer wird es Ihnen fallen, anzufangen und weiterzumachen. Bei hohen Werten werden Sie sehr aktiv und nahezu immun gegen Rückschläge sein. Ihre Chancen steigen enorm, weil Ihre Einstellung stimmt.

Mit kleinen Zielen anfangen

Setzen Sie sich am Anfang ein kleines Ziel, das heißt ein Ziel, das Sie heute oder binnen einer Woche verwirklichen können.

Finden Sie mindestens einen Grund, der Ihnen so wichtig ist, dass Sie ganz bestimmt handeln werden. Planen Sie. Was wollen Sie wann tun, um sich Ihren Wunsch Schritt für Schritt zu erfüllen? Tun Sie es. Gehen Sie so vor, wie Sie es sich gedacht haben. Falls Hindernisse auftauchen, lassen Sie sich nicht beirren, sondern bleiben Sie auf Kurs. Tun Sie alles, was nötig ist, um das Resultat zu erzielen, das Sie sich vorgestellt haben.

Ihre erste Übung könnte so aussehen: Sie beschließen, jetzt gleich einen Spaziergang zu machen. Die Sonne scheint, Sie haben Zeit und Lust dazu. Sie überlegen, wo Sie langgehen werden und wann Sie zurück sein wollen. Dann gehen Sie los. Das ist alles. Es ist einfach. Sie können irgendetwas tun, wozu Sie Lust haben.

Falls Sie nicht weiterkommen, überlegen Sie, an welcher Stelle es hakt. Haben Sie eine klare Vorstellung davon, was Sie

Üben Sie im Kleinen. wollen? Sind Sie motiviert? Wissen Sie, was Sie tun müssen? Tun Sie genug für Ihr Ziel? Gibt es Hindernisse? Welche? Was können Sie tun, um es trotzdem zu schaffen?

Die Wahrscheinlichkeit, kleine Ziele zu erreichen, ist sehr, sehr groß. Sie können Ihr Vertrauen durch kleine Erfolge aufbauen und dann auch große Pläne erfolgreich umsetzen.

Die Strategie der kleinen Ziele und Schritte können Sie auch anwenden, wenn Sie bei größeren Projekten vorübergehend erfolglos sind. Setzen Sie sich ein paar kleinere Ziele, sodass Sie sehen, dass etwas klappt. Aus den kleinen Erfolgen können Sie wieder Mut schöpfen.

Achten Sie im Alltag auf die Grundstruktur des erfolgreichen Handelns, und üben Sie im Kleinen. Dann können Sie sich mit der Zeit auch große Wünsche erfüllen.

Setzen Sie sich ein Ziel

Das Unglück der Entfremdung

Warum weiß eigentlich nicht jeder Mensch, was er will? Menschen können Ziele finden, die sie begeistern und ihre Bedürfnisse erfüllen, wenn sie wissen, wer sie sind, was sie brauchen und was sie glücklich macht.

Viele Menschen sind sich aber selbst fremd. Sie nehmen sich keine Zeit für sich, hören sich nicht zu, setzen sich über ihre Gefühle hinweg, kennen den Sinn Ihres Tuns nicht, schon gar nicht den ihrer Arbeit, weil sie nur an dem Geld interessiert sind, das sie für diese Arbeit bekommen. Sie wissen nicht, was ihnen Spaß macht, und folgen lieber dem, was die anderen machen. Falls einmal eigene Wünsche auftauchen, nehmen sie diese nicht ernst.

Sich selbst nicht zu kennen, die eigenen Gedanken, Gefühle, Handlungen, Wünsche und Abneigungen nicht wahrzunehmen oder nicht zu verstehen heißt, sich selbst fremd zu sein. Dieser Prozess der Entfremdung beginnt in der Kindheit. Kinder wissen zunächst genau, was sie mögen und was nicht. Sie spucken aus, was ihnen nicht schmeckt oder wenn sie genug haben. Kleine Kinder bekommen leuchtende Augen, wenn sie begeistert sind. Sie sind neugierig und interessiert.

Viele Erwachsene zeigen für die Interessen und Bedürfnisse ihrer Kinder kein Verständnis. Eltern, die selbst nicht wissen, wer sie sind, behindern auch ihre Kinder darin, dem zu folgen, was ihnen Spaß macht. Sie bringen ihnen Disziplin bei. Darunter verstehen sie, ihren Kindern alles zu verbieten, was ihnen Spaß macht. Der von den Eltern so genannte Ernst des Lebens fängt auf diese Weise an, das Leben dieser Kinder zu beherrschen.

Um ihre Kinder kennen zu lernen, müssten Eltern sich fragen: Wer ist dieser kleine Mensch? Was schmeckt ihm? Worauf ist er neugierig? Was macht ihm Freude? Wovor hat er Angst? Sie müssten ihre Kinder aufmerksam beobachten und mit Respekt behandeln.

Eltern und Kinder sind nicht selbstverständlich Freunde. Sie sind erst einmal einfach Fremde, die zusammenleben. Dabei können sie Freunde oder Feinde werden. Kinder haben keine Wahl, ob sie mit ihren Eltern zusammen sein möchten oder nicht. Sie müssen sich an ihre Eltern anpassen, wenn sie einigermaßen mit ihnen zurechtkommen wollen.

Freundliche Eltern akzeptieren ihre Kinder und nehmen ihre Bedürfnisse, Wünsche und Interessen ernst. Die Kinder dieser Eltern haben es relativ leicht, sie selbst zu sein. Falls die Eltern aber gleichgültig, gehässig oder neurotisch sind und zu Gewalt neigen, können sich Kinder keine anderen Eltern aussuchen, selbst wenn sie merken, dass sie mit ihren Eltern Pech gehabt haben. Mit der Zeit werden sie oft selber gleichgültig, neurotisch, gehässig und gewalttätig, so wie es in ihrer Familie normal ist. Erst später, wenn sie erwachsen sind und nicht mehr mit ihren Eltern leben müssen, haben sie die Chance, ihr Leben selbst in die Hand zu nehmen und ihre neurotischen Denk- und Verhaltensgewohnheiten zu ändern.

Die Eltern und Lehrer schreiben den Kindern allzu oft vor, was sie zu tun haben, und lassen ihnen keine Möglichkeiten, die Welt selbst zu entdecken, sich selbst und ihre eigenen Wünsche und Interessen kennen zu lernen und zu verwirklichen. Die Kinder lernen, die Wünsche der Erwachsenen ernst zu nehmen und zu erfüllen, und vergessen zunehmend, was sie selber wollen. Sie verlieren ihr Gespür für ihre eigenen Bedürfnisse. Deshalb ist es kein Wunder, dass so viele Erwachsene später in ihrem Leben keine eigenen Ziele und Pläne haben und keinen eigenen Antrieb besitzen, sondern so funktionieren, wie ihre Eltern, Lehrer, Ehemänner bzw. Ehefrauen, Arbeitgeber und Nachbarn es von ihnen erwarten. Sie sehen keine Alternative zu dem langweiligen und lustlosen Leben, das sie führen, und hoffen auf einen Millionengewinn im Lotto. Davon versprechen sie sich die Mittel, um ihr Leben ändern zu können. Tatsächlich zeigen aber Untersuchungen, dass ein Hauptgewinn im Lotto zwar kurzfristig reich macht, aber die meisten »Lottokönige« bald wieder da stehen, wo sie angefangen haben. Ihre Hoffnungen auf ein besseres Leben erfüllen sich durch einen bloßen Lottogewinn nicht.

Normalerweise würden die Entwicklung der Menschen sowie ihre Lernbereitschaft nie aufhören. Ihre Interessen und Sinne würden wach bleiben. Leider schließen viele Menschen aber ihre Entwicklung schon früh ab. Die Schulen und Hochschulen nehmen ihnen die Lust am Lernen. Sie folgen dann den andressierten Routinen, werden unbeweglich und dick, geistig träge und betäuben ihre Sinne mit Alkohol und Nikotin, von illegalen Drogen gar nicht zu reden. Entfremdete und fremdbestimmte Menschen haben keine Idee mehr, was sie glücklich und zufrieden machen könnte. Das Leben, das mit Lust begann, ist ihnen zur Last geworden, unter der sie ächzen, ohne es sich und anderen einzugestehen.

Das Glück der Selbstbestimmung

Glücklicherweise nehmen unsere Chancen, unser Leben selbst zu bestimmen, zu, sobald wir erwachsen sind. Wir können die Folgen der Unterdrückung durch Eltern und andere nach und nach beseitigen und unsere Wünsche und Interessen wieder entdecken.

Machen wir uns nichts vor: Viele Eltern unterdrücken ihre Kinder genauso, wie sie selbst von ihren Eltern unterdrückt wurden. Auch in den Schulen können die Schülerinnen und Schüler nicht erwarten, dass auf ihre Bedürfnisse und Interessen eingegangen wird. Es gibt zwar positive Ausnahmen. Aber generell lernen Schüler auch heute noch nicht, wie man selbstbestimmt lernt und lebt. Sie müssen lernen, was ihnen vorgesetzt wird, genauso wie sie zu Hause oft essen müssen, was auf den Tisch kommt.

Zwar werden heute weniger Kinder so autoritär erzogen wie noch zu Anfang und in der Mitte des 20. Jahrhunderts. Aber es wird noch lange dauern, bis alle Formen von Unterdrückung in unserer Gesellschaft verschwunden sind. Bedenken Sie, dass die deutsche Geschichte wie in anderen Ländern auch ganz überwiegend eine Geschichte der Unterdrückung ist und die Menschen in Ostdeutschland erst 1989 die Demokratie durchsetzen konnten. Die Entwicklung der Menschheit kann man als einen langen Prozess der Befreiung und Emanzipation begreifen. Weder im öffentlichen noch im privaten Leben ist Selbstbestimmung selbstverständlich. Jede Frau und jeder Mann muss sie sich täglich neu erkämpfen. Wer in seinem Leben fremdbestimmt und unterdrückt wurde, trägt oft noch lange nach der äußeren Befreiung die innere Unterdrückung in sich.

Lassen Sie sich von niemandem aufhalten, auch nicht von sich selbst.

Trauen Sie sich, Ihr Leben in allen Bereichen selbst zu bestimmen. Setzen Sie sich Ihre eigenen Ziele und lassen Sie sich von niemandem dabei aufhalten, nicht einmal von sich selbst. Setzen Sie Ihr Recht auf ein glückliches Leben gegen alle inneren und äußeren Widerstände durch.

Lassen Sie sich von niemandem einreden, es sei egoistisch, die eigenen Träume zu verwirklichen. Sie können nur dann Ihren Beitrag zu dieser Gesellschaft leisten, wenn Sie sich selbst verwirklichen. Gott oder das Universum oder die Intelligenz, die diese Welt geschaffen hat, möchte, dass Sie glücklich sind. Sonst hätte diese Instanz Ihnen überhaupt keinen Sinn für Glück und Unglück gegeben. Das Empfinden, unglücklich zu sein, ist dazu da, Ihnen zu signalisieren, dass Sie auf dem falschen Weg sind. Es ist ein Signal umzukehren. Sie haben das Potenzial, glücklich zu sein. Ihre Aufgabe ist es, diese Möglichkeiten zu entdecken.

Das Gefühl, glücklich zu sein, zeigt Ihnen an, dass Sie auf dem richtigen Weg sind und so weitermachen sollen. Alle Ziele, die Sie sich setzen, sind Mittel zu dem Zweck, glücklich zu sein. Es geht nicht darum, reich oder berühmt zu werden, Macht zu erringen, eine Lebensversicherung oder ein Auto zu kaufen. Das alles ist nebensächlich. Es geht darum, glücklich zu sein. Mehr können Sie in Ihrem Leben nicht erreichen. Mit weniger sollten Sie sich aber auch nicht zufrieden geben.

Die Bedeutung eigener Ziele

Setzen Sie sich eigene Ziele in Ihrem Leben. Es ist erstaunlich, wie wenige Menschen dies tun. Die Fremdbestimmung wirkt sich noch weit bis ins Erwachsenenleben hinein aus. Manche Menschen kommen in ihrem Leben niemals an den Punkt, ihr Leben vollständig selbst in die Hand zu nehmen und zu tun und zu lassen, wozu sie Lust haben.

Sich eigene Ziele zu setzen ist der Ansatzpunkt für ein selbstbestimmtes und glückliches Leben. Die Welt ist bunt und vielfältig. Sie enthält für jeden das, was er oder sie zu einem glücklichen Leben braucht. Es kommt nur darauf an, die Chancen zu sehen und zu ergreifen.

Ein selbstbestimmtes und glückliches Leben beginnt damit, dass man sich eigene Ziele setzt.

Selbst wenn jemand zur Zeit noch unterdrückt wird, hat er oder sie die Möglichkeit, zu kämpfen oder zu fliehen und so die Voraussetzungen für das eigene Lebensglück zu schaffen. Die Geschichte ist voller Berichte über individuelle und kollektive Befreiungskämpfe und Emanzipationsbewegungen. Ein Prozess, der möglicherweise nie enden wird, weil immer wieder Menschen versuchen, andere Menschen zu unterdrücken und auszubeuten und ihre Interessen anderen aufzuzwingen. Zur Unterdrückung gehören zwei: einer, der unterdrückt, und ein anderer, der sich unterdrücken lässt. Leisten Sie jeder Form der Unterdrückung Widerstand und verzichten Sie darauf, andere zu unterdrücken. Helfen Sie Unterdrückten, sich zu befreien.

Der erste Schritt zur Befreiung besteht darin, zu erkennen, dass man unterdrückt wird. Als Nächstes muss man sich zutrauen, sich allein oder mithilfe von anderen zu befreien. Es gibt immer Möglichkeiten dazu. So stark Unterdrücker auch sein mögen, irgendwann verlieren sie ihre Kraft, irgendwann gibt es günstige Momente der Befreiung. Die Biografien einzelner Menschen genauso wie die Geschichtsschreibung schildern die Hindernisse, die auf dem Weg der Emanzipation überwunden werden müssen. Es gibt immer auch Niederlagen und Irrtümer. Trotzdem steht am Ende einer langen Entwicklung oftmals der Erfolg.

Menschen, die sich keine eigenen Ziele setzen, lassen sich von anderen für deren Zwecke und Interessen benutzen. Sie haben selbst keine Pläne und zeigen kaum Eigeninitiative.

Ihre Motivation ist gering. Kein Wunder, dass diese Menschen wenig Freude erleben. Eher ist es erstaunlich, dass sie auf diese Weise längere Zeit funktionieren können. Sie leiden aber an einem Mangel an Sinn in ihrem Leben.

Am häufigsten zeigt sich diese Sinnleere in der Berufstätigkeit. Viele Menschen nehmen einfach das, was der Arbeitsmarkt zuzulassen scheint und womit sie möglichst viel Geld verdienen können. Oft suchen auch die Eltern den Beruf für ihre Kinder aus. Oder die Kinder machen einfach das, was in ihrer Familie oder Region schon immer gemacht wurde. So gibt es ganze Dynastien von Kaufleuten, Ärzten, Anwälten, Tischlern, Musikern und Bauern. Wenn sie dann erkennen, dass sie keinen Spaß an ihrem Beruf haben, meinen sie, dass es für einen Wechsel zu spät ist. Sie verdienen zu gut, um etwas anderes zu machen. Oder sie müssen eine Familie, ein Haus, ein Auto unterhalten und Kredite abbezahlen.

Sie machen sich keine Gedanken über die Ziele ihres Arbeitgebers. Sie sind irgendein Rädchen in einem Spiel, das sie nicht verstehen und das ihnen keinen Spaß macht. Sie folgen den Anweisungen und warten darauf, dass sie wieder nach Hause gehen dürfen. Sie warten auf das Wochenende, den Urlaub, die Rente. Und dabei vergeht ihr Leben, irgendwie ungelebt, weil es nicht ihre Wünsche, Interessen und Träume sind, die sie da leben.

Die Arbeitgeber versuchen, ihre im Grunde unmotivierten Mitarbeiter einigermaßen bei Laune zu halten, indem sie ihnen Weihnachtsgeld, Urlaubsgeld, Überstundenvergütung, Prämien und Jubiläumsgeld zahlen. Sie überlassen ihnen manchmal sogar ein Auto und eine Wohnung, aber sie können ihnen nicht den Spaß an einem selbstbestimmten Leben geben.

Tun Sie, was immer Sie tun müssen, um Ihr Leben selbst zu bestimmen. Der nächste Abschnitt kann Ihnen dabei helfen, eigene Ziele zu finden.

Wie man eigene Ziele findet

Je besser Sie sich selbst kennen, desto leichter haben Sie es, die für Sie richtigen Ziele zu finden und die für Sie richtigen Wege zu gehen. Umgekehrt gilt: Je stärker Sie sich selbst fremd sind, desto schwerer wird es Ihnen fallen, eigene Ziele zu finden. Trotzdem brauchen Sie sich nicht zu schämen, falls Sie sich selbst so wenig kennen und so wenig von sich wissen. Manche Eltern, Lehrer, Arbeitgeber, Ehepartner und andere geben sich viel Mühe, damit man die eigenen Bedürfnisse nicht kennt und immer schön das tut, was die anderen einem sagen.

> **Werden Sie Ihr bester Freund, indem Sie sich Ihre Wünsche erfüllen.**

Falls Sie also bisher keine ausreichende Gelegenheit hatten, sich selbst kennen zu lernen, fangen Sie jetzt damit an. Setzen Sie sich als Ihr erstes Ziel herauszufinden, was Sie sich im Grunde Ihres Herzens wünschen. Lernen Sie Ihre Bedürfnisse kennen. Wundern Sie sich nicht, wenn es ganz andere sind als die Ihrer Freundinnen oder Ihrer Nachbarn. Sie sind einzigartig. Sie sind ein Individuum. Es gibt Sie nur einmal. Trauen Sie sich, anders zu sein als die anderen. Sie müssen sich nicht bei jedem beliebt machen. Hauptsache, Sie selbst stehen zu sich. Werden Sie selbst Ihr bester Freund, indem Sie sich Ihre ureigensten Wünsche erfüllen.

Detektiv spielen

Um sich selbst kennen zu lernen, spielen Sie Detektiv. Schauen Sie sich in Ihrer Wohnung um. Gehen Sie von Zimmer zu Zimmer und finden Sie heraus, wer da eigentlich wohnt.

- Wie haben Sie Ihre Wohnung eingerichtet? Auf welche Möbel würden Sie ungern verzichten?
- Wie kleiden Sie sich gerne? Welche Farben bevorzugen Sie? Was ist Ihr persönlicher Stil?

- Was lesen Sie? Was für Bücher stehen im Regal? Welche Zeitungen und Zeitschriften liegen herum? Was lesen Sie in diesen Zeitschriften immer als Erstes? Was lesen Sie nie?
- Gibt es Schallplatten oder CDs in Ihrer Wohnung? Was hören Sie gerne und was nicht?
- Was für Lebensmittel sind im Kühlschrank und im Vorratsschrank? Was essen und trinken Sie gerne?
- Was interessiert Sie im Fernsehen? Was mögen Sie? Was lehnen Sie ab?
- Worüber reden Sie mit anderen? Was sind Ihre Lieblingsthemen?
- Womit beschäftigen Sie sich gerne? Worüber denken Sie gerne nach?

Schauen Sie sich alles wohlwollend an. Betrachten Sie sich mit den Augen eines guten Freundes. Was sind Ihre Interessen und Bedürfnisse? Was ist Ihnen wichtig? Was bedeutet Ihnen viel? Worauf möchten Sie am wenigsten verzichten? Was würden Sie von all Ihrem Besitz auf eine einsame Insel mitnehmen?

Vielleicht ist Ihre Wohnung so etwas wie eine Insel für Sie. Für viele Menschen ist sie das. Wie dem auch sei, die nächste Übung hat mit einer Insel zu tun.

Inselfantasie

Wenn Sie die Chance hätten, eine kleine Insel nach Ihrem Geschmack auszuwählen und dort alles so einzurichten, wie es Ihnen passt, wie sähe diese Insel aus? Wer dürfte außer Ihnen auf dieser Insel wohnen? Was würden Sie mitnehmen? Was würden Sie auf dieser Insel tun?

Nehmen Sie ruhig an, alles stünde in Ihrer Macht. Wie würden Sie diese kleine Welt gestalten wollen? Wie würden Sie dort leben, wenn es nur nach Ihrem Willen ginge?

Die Welt verbessern

Sie können noch einen Schritt weiter gehen in Ihrer Fantasie. Was würden Sie tun, wenn Sie die Möglichkeit hätten, die Welt zu verbessern? Was würden Sie zuerst anpacken? Wie würden Sie die Welt verändern wollen? Was könnte so bleiben? Was müsste anders werden, damit Sie sich richtig wohl fühlen?

Wenn Sie reich wären

Eine weitere Möglichkeit, die eigenen Interessen und Bedürfnisse zu entdecken und daraus Ziele abzuleiten, besteht darin, sich zu überlegen, wie Sie leben würden, wenn Sie 10 Millionen Euro hätten.

Welche Wünsche würden Sie sich dann erfüllen? Wo würden Sie leben wollen? Würden Sie bleiben, wo Sie sind, oder würden Sie umziehen? Würden Sie weiter Ihren Beruf ausüben oder etwas anderes tun wollen und wenn ja, was? Wie würde Ihr idealer Tag aussehen, wenn Sie reich wären?

Der ideale Tag

Den letzten Gedanken können Sie auch unabhängig von der Vorstellung, reich zu sein, benutzen. Wie stellen Sie sich Ihren ganz persönlichen idealen Tag vor. Nehmen Sie an, alles an diesem Tag wäre wunderbar.

Wann stehen Sie an Ihrem idealen Tag auf und wann gehen Sie schlafen? Wie sieht der Morgen aus, der Vormittag, der Nachmittag, der Abend? Wo gehen Sie hin? Was tun Sie an so einem idealen Tag? Sind Sie lieber allein oder mit anderen zusammen? Was essen Sie an diesem wunderbaren Tag?

Einem guten Freund ein paar Ratschläge geben

Stellen Sie sich vor, Sie würden jemanden kennen, der in derselben Situation ist wie Sie. Was würden Sie ihm oder ihr raten? Wie könnte dieser Mensch sein Leben verbessern? Was sollte so bleiben, wie es ist? Was sollte sich ändern?

Ein Wunder geschieht

Oder stellen Sie sich vor, es geschähe ein Wunder. Alle Ihre Probleme wären gelöst. Was ist anders? Woran erkennen Sie, dass ein Wunder geschehen ist? Was tun Sie, was Sie vorher nicht taten?

Ihre bisher beste Zeit

Um Ziele zu finden, können Sie auch Ihre Vergangenheit betrachten: Was war Ihre bisher beste Zeit? Wann in Ihrem Leben haben Sie sich bisher am wohlsten gefühlt? War es als Kind? Als Teenager? Mit 20, 30, 40, 50 oder später? Woran lag es, dass Sie sich so wohl gefühlt haben? Was war das Beste an dieser Zeit? Was war anders als sonst? Wie haben Sie in Ihrer persönlich besten Zeit gelebt? Wie sah Ihr Tag aus?

Kinder- und Jugendträume

Welche Träume hatten Sie in Ihrer Kindheit und Jugend? Was wollten Sie werden, wenn Sie groß sind? Wie wollten Sie dann leben? Wovon haben Sie als Kind geträumt? Was haben Sie sich gewünscht, als Sie 12, 14 oder 16 waren? Mit wem wollten Sie gerne zusammenleben? Wie haben Sie sich Ihren Traummann, Ihre Traumfrau vorgestellt? Was wollten Sie später aus Ihrem Leben machen?

Ihr Lebenslauf

Schreiben Sie Ihre Biografie auf. Nicht so eine, wie Sie sie bei einer Bewerbung abgeben würden, sondern die, die Sie einem sehr guten Freund oder einer sehr guten Freundin erzählen würden, zu dem oder der Sie absolutes Vertrauen haben. Schreiben Sie alles auf, was Ihnen persönlich wichtig ist. Wo haben Sie gelebt? Mit wem? Was haben Sie in all den vergangenen Jahren gemacht? Was waren die Wendepunkte in Ihrem Leben? Was waren die Gründe, etwas so und nicht anders zu machen? Wie sah Ihre Kinderzeit, Ihre Schulzeit aus? Was haben Sie beruflich bisher gemacht? Falls Sie Kinder haben, wie haben diese Ihr Leben beeinflusst?

Achten Sie beim Schreiben Ihrer Biografie darauf, sich kennen zu lernen und alles, was Sie getan haben, wohlwollend zu verstehen. Erzählen Sie Ihr Leben auf verschiedene Weisen. Sie können Ihren beruflichen Werdegang erzählen, ein anderes Mal die Geschichte Ihrer Freundschaften oder die Geschichte Ihrer persönlichen Entwicklung. Was haben Sie im Laufe der Zeit alles gelernt? Vielleicht entdecken Sie, dass es keine Lebensgeschichte gibt, sondern dass Ihr Leben aus vielen Geschichten besteht.

Machen Sie öfter das, was Ihnen Spaß macht.

Sie bestimmen, welche Sie erzählen wollen. Sie bestimmen auch, wie Sie die verschiedenen Phasen und Geschichten Ihres Lebens bewerten, als Kampf, als Spiel, als Tragödie, als Komödie oder als alles zusammen.

Happyends
Sie können Ihre Biografie auch weiterdenken. Erzählen Sie, wie schließlich alles gut wurde, oder wie es immer besser wurde. Erzählen Sie, wie Ihr Leben auf eine erfreuliche Art weitergehen wird. Erzählen Sie alle vergangenen, gegenwärtigen und zukünftigen Geschichten mit einem Happyend.

Ein Blick in die Zukunft
Wo möchten Sie in drei Monaten, in einem halben Jahr, in einem Jahr, zwei, fünf, zehn oder zwanzig Jahren stehen? Was möchten Sie dann gerne verwirklicht sehen? Was möchten Sie in dieser Zeit erreichen?

Zwanzig Dinge, die Sie gerne machen
Schließlich könnten Sie auch zwanzig Sachen aufschreiben, die Sie gern tun. Falls Sie nicht auf Anhieb auf zwanzig kommen, probieren Sie einiges aus, von dem Sie glauben, dass es

Ihnen Spaß machen könnte. Experimentieren Sie so lange, bis Sie ungefähr zwanzig Dinge zusammenhaben. Fragen Sie sich: Was könnte Ihr Leben bereichern? Was würde Ihnen heute Spaß machen? Was würden Sie gerne tun? Und dann fangen Sie an, diese Dinge öfter zu tun als bisher. Falls Sie meinen, keine Zeit dafür zu haben, bedenken Sie zweierlei: 1. Zeit hat man nicht. Man nimmt sie sich. 2. Machen Sie die schönen Dinge auf Kosten der unangenehmen Dinge. Bauen Sie Ihr Leben nach und nach um. Tun Sie weniger von dem, was Ihnen keinen Spaß macht. Machen Sie öfter Dinge, die Sie erfreuen. Sie könnten sich zum Ziel setzen, Ihr Leben auf diese Weise Schritt für Schritt zum Besseren zu verändern.

Umgang mit diesen Übungen

Es ist nicht nötig, alle diese Übungen zu machen. Suchen Sie sich nur diejenigen heraus, die Sie persönlich ansprechen. Es reicht, wenn Sie eine Übung machen. Hauptsache, Sie finden nach und nach zu den Zielen in Ihrem Leben, die Ihnen wirklich etwas bedeuten.

Sie müssen auch keine der Übungen schriftlich machen. Beschäftigen Sie sich so damit, wie es Ihnen gefällt. Lassen Sie sich zum Nachdenken anregen. Es ist egal, wie Sie Ihre Ziele entdecken, ob Sie einfach darüber nachdenken oder etwas aufschreiben. Letztlich zählt sowieso nur das, was Sie vor Ihrem geistigen Auge haben. Nur solche Visionen, die Sie aus dem Gedächtnis abrufen können, bringen Sie weiter. Alles, was allein auf dem Papier steht, ist nutzlos. Es kann Ihr Gedächtnis aber unterstützen, wenn Sie ab und zu etwas aufschreiben und regelmäßig in Ihren Aufzeichnungen blättern. Fühlen Sie sich also frei in Ihrem Tun. Dieses Buch soll keine zusätzliche Last in Ihrem Leben sein.

Benutzen Sie alles so, wie es Ihnen persönlich Spaß macht. Fühlen Sie sich frei darin, Vorschläge und Strukturen so abzuändern, wie Sie es brauchen. Keiner dieser Vorschläge ist in

Stein gehauen. Es sind Anregungen, die Sie beliebig ändern, weglassen oder ergänzen können.

Wenn ich zum Beispiel eben von zwanzig Dingen gesprochen habe, die Ihnen Spaß machen, dann können Sie sich natürlich auch zehn, dreißig oder fünfzig Sachen überlegen. Passen Sie einfach die hier vorgetragenen Ideen Ihren Bedürfnissen an.

Aus den Übungen kleine erreichbare Ziele ableiten

Einige dieser Übungen ermöglichen es Ihnen, sofort realisierbare Ziele zu finden. »Zwanzig Dinge, die Sie gerne machen« lässt sich zum Beispiel leicht umsetzen. Schon allein mit dieser Übung können Sie Ihr Leben positiv umgestalten.

Die Ergebnisse anderer Übungen müssen Sie erst noch handhabbar machen. »Die Welt verbessern« kann Sie in Kontakt mit Ihren Bedürfnissen bringen. Falls Sie feststellen, dass Sie sich Frieden für alle Menschen in der Welt wünschen, können Sie anfangen, Ihre eigene Welt friedvoller zu machen. Sie könnten sich einen Freundeskreis aus Menschen aufbauen, die Liebe, Verständnis und gegenseitigen Respekt besonders schätzen und persönlich im Alltag leben. Oder Sie könnten sich einer Organisation anschließen, die für eine friedlichere Welt arbeitet. Oder eine eigene Organisation gründen. Es gibt viele Möglichkeiten, aus dieser Übung konkrete Ziele abzuleiten. Keiner kann die Welt von heute auf morgen so verbessern, wie er es sich wünscht. Aber viele Menschen haben einen wichtigen Beitrag geleistet, die Welt zu einem angenehmeren Ort zu machen. So ist zum Beispiel Mahatma Gandhi für viele Menschen noch heute ein Vorbild für das, was ein Einzelner, der sein Leben für friedliche Veränderungen einsetzt, erreichen kann.

Die Übung »Ihre bisher beste Zeit« kann Sie daran erinnern, was Ihnen einmal besonders gefallen hat. Vielleicht können Sie ein paar der Bedingungen, die zu Ihrem damaligen Glück beigetragen haben, heute wiederherstellen. Vielleicht hatten Sie damals mehr Zeit. Dann könnten Sie dafür sorgen, überflüssige Verpflichtungen loszuwerden. Was immer es war, das eine oder andere davon können Sie bestimmt auch heute realisieren.

Aus Problemen positive Ziele machen

Es gibt noch einen anderen Weg, Ziele zu finden. Listen Sie Ihre momentanen Sorgen und Probleme auf. Überlegen Sie sich anschließend, wie Sie diese Probleme lösen können. Aus »zu wenig Geld« wird dann zum Beispiel »mehr Geld verdienen« oder »auf Überflüssiges verzichten«. Aus »Ärger mit dem Chef« könnte »Gelassenheit entwickeln«, »Selbstbehauptung lernen« oder »eine neue Firma suchen« werden.

Vielen Menschen fällt es leichter, ihre Probleme zu benennen, als Ziele zu beschreiben, auf die sie sich freuen können. Falls es Ihnen auch so geht, gewöhnen Sie sich einfach an, sich jedes Mal, wenn Sie an ein Problem denken, gleich eine Lösung auszudenken. Sagen Sie jetzt nicht: »Es gibt keine Lösung für mein Problem«, sondern unterstellen Sie, dass es eine oder mehrere Lösungen gibt, die Sie nur noch nicht kennen, und dann fangen Sie an, diese Lösungen zu finden. Betrachten Sie es wie ein Spiel namens »Nenn mir die drei Lösungen«. Ihre Aufgabe in diesem Spiel ist es, die drei Lösungen zu Ihrem Problem, die irgendwo versteckt sind, zu entdecken.

Falls Sie im Moment keine Lösung haben, heißt das lediglich, dass das Spiel gerade erst begonnen hat. Wenn Sie eine Lösung entdeckt haben, müssen Sie noch zwei weitere suchen. Sie können andere in dieses Spiel einbeziehen. Schildern Sie ihnen das Problem und fragen Sie sie nach Lösungen. Wie bei jedem Spiel gibt es geschickte und ungeschickte Spieler. Die ungeschickten Spieler sind diejenigen, die das Spiel noch nicht lange kennen und es erst noch richtig lernen müssen. Mit der Zeit und zunehmender Übung wird jeder erfinderischer und erfolgreicher.

Es kann sein, dass Sie manchmal ziemlich lange suchen müssen, um überhaupt auf eine Lösung zu kommen. Aber meistens werden Sie auf Anhieb mehrere Antworten finden. Es ist wie bei einem Kreuzworträtsel oder bei Mathematikaufgaben. Einige Antworten haben Sie sofort und bei anderen Fragen müssen Sie tagelang überlegen oder sich von anderen helfen lassen.

Lösung bedeutet in diesem Zusammenhang dasselbe wie Ziel. Sie könnten beispielsweise das Problem haben, sich einsam zu fühlen. Mögliche Lösungen könnten so aussehen: Freundinnen und Freunde finden, sich selbst ein guter Freund/eine gute Freundin sein, etwas tun, was einem auch allein Spaß macht, sich eine erfreuliche Zukunft ausmalen. Diese Lösungen stellen dann Ihre Ziele dar: Freunde und Freundinnen suchen, sich selbst eine gute Freundin/ein guter Freund werden usw. Anschließend können Sie beginnen, diese Ziele Schritt für Schritt zu verwirklichen. Wenn Sie erst einmal den Dreh gefunden haben, fangen die Probleme an, Ihnen Spaß zu machen. Sie spielen das Spiel und haben mehr Lösungen als Probleme.

Probleme kann man in positive Ziele verwandeln.

Dieser Ansatz, aus Problemen positive Ziele zu machen, bewährt sich auch in Therapien. Sowohl in der Medizin als auch in der Psychotherapie ist es sinnvoll, nicht bei den Beschwerden stehen zu bleiben, sondern gleich am Anfang eine Perspektive zu entwickeln.

Unabhängig davon, ob die Ärzte oder Psychotherapeuten den Anstoß dafür liefern, kann man von vornherein überlegen, wo man mithilfe der Fachleute hinwill. Es geht um die Definition gesunder Ziele. Leider folgen auch heute noch viele Psychotherapeuten der Neigung der Klienten, sich ihrer leidvollen Vergangenheit zuzuwenden. Die Vergangenheit ist aber vorbei. Nur die Gegenwart und die Zukunft lassen sich gestalten.

Ihre Bedürfnisse

Menschen haben unterschiedliche Ziele, weil sie unterschiedliche Bedürfnisse haben. Die Bedürfnisse hängen von der Individualität des jeweiligen Menschen ab, zum Beispiel davon, ob jemand ein Mann oder eine Frau ist, groß oder klein, dick oder dünn, alt oder jung, beweglich oder steif, gesund oder krank.

Die indische Volksmedizin Ayurveda unterscheidet zum Beispiel drei Konstitutionstypen: Vata, Pitta und Kapha. Diese haben ganz unterschiedliche Vorlieben und Abneigungen, die alle auf ihren Konstitutionstyp zurückzuführen sind. Die Kombination dieser drei Haupttypen bedingt viele weitere Differenzierungen. Diese Medizin, die sich aus jahrtausendealter Erfahrung und genauer Beobachtung der Menschen entwickelt hat, schert die verschiedenen Menschen nicht über einen Kamm. Die Ernährungsempfehlungen usw. beziehen sich immer auf den jeweiligen individuellen Menschen. Genauso fein sollten Sie Ihre persönlichen Bedürfnisse feststellen und daraus Ihre individuellen Ziele ableiten.

Ziele ohne Bezug zu unseren Bedürfnissen sind hohl.

Ziele ohne Bezug zu Ihren Bedürfnissen sind hohl. Achten Sie deshalb darauf, dass Ihre Ziele sich aus Ihren Bedürfnissen ergeben.

Überlegen Sie, was Sie für ein gutes Leben brauchen. Dann machen Sie Inventur. Was kann so bleiben, wie es ist? Was

erfüllt Ihre Bedürfnisse bereits? Was fehlt Ihnen? Welche Bedürfnisse kommen im Moment zu kurz? Formulieren Sie Ziele,
die diese Bedürfnisse erfüllen.

Ziele konkretisieren

Vage Ziele lassen sich nicht realisieren. Wenn jemand »etwas«
trinken möchte, muss er sich entscheiden, ob er Wasser, Tee,
Kaffee oder Fruchtsaft trinken möchte, weil es »etwas« nicht
gibt.

Ob Ihr Ziel konkret genug ist, können Sie zum Beispiel
daran erkennen, ob eine Freundin an Ihrer Stelle dieses Ziel
erreichen könnte, wenn Sie es ihr beschreiben.

Nehmen wir zunächst ein alltägliches Beispiel. Sie möchten
sich eine Hose kaufen. Sie müssen definieren, welche Größe
und Farbe die Hose haben soll, aus welchem Stoff sie sein soll,
welche Struktur der Stoff haben soll, wie viel sie kosten darf,
welche Details sie haben soll (Bundfalte, mit Umschlag, mit
Knöpfen, mit Muster) usw. Natürlich können Sie Einzelheiten,
die Ihnen egal sind, offen lassen. Aber alles andere müssen
Sie genau bestimmen. Sonst kriegen Sie nicht das, was Sie
wollen. Ihre Beschreibung ist dann gelungen, wenn Ihre
Freundin sich die Hose vorstellen kann und in der Lage ist,
sie für Sie zu kaufen.

Einige sagen, dass Sie Ihr Ziel positiv, das heißt ohne Ver-
neinungen, formulieren müssen. Überprüfen wir diese Be-
hauptung. Sie könnten in unserem Beispiel sagen, dass die
Hose nicht grün sein darf. Das genügt, wenn Ihnen jede andere Farbe recht ist. »Nicht grün« ist dann präzise genug. Falls
Sie aber Wert darauf legen, eine weiße Hose zu bekommen,
dann müssen Sie definitiv »weiß« sagen.

Nehmen wir ein komplexeres Beispiel. Sie möchten einen

Lebenspartner bzw. eine Lebenspartnerin finden. Dann dürfen Sie sich nicht scheuen, präzise zu bestimmen, wer in Frage kommt und wer nicht. Nicht nur Sie, sondern Ihre besten Freunde und Freundinnen sollten in der Lage sein, aus einer Gruppe von Menschen diejenigen herauszufinden, die Ihnen zusagen. Also stellen Sie sich vor, Sie müssten einem anderen beschreiben, wen Sie suchen.

Dieses Verfahren hat natürlich Grenzen. Schon eine Hose lässt sich nicht bis ins letzte Detail beschreiben, ein Lebenspartner oder eine Lebenspartnerin noch viel weniger. Trotzdem sind solche Kriterien sehr wertvoll. Vor dem inneren Auge entsteht ein Bild, das einem die Suche in der Außenwelt sehr erleichtert.

Glücklichsein als eigenständiges Ziel

Wenn man sich das Glücklichsein nicht als Ziel setzt, erreicht man es auch nicht.

Viele Menschen wünschen sich beruflichen Erfolg. Wenn sie dann oben auf der Karriereleiter angekommen sind, stellen sie fest, dass sie unglücklich sind. Ihre Ehe ist kaputt. Sie haben keine echten Freunde. Und die Gesundheit haben sie der Karriere geopfert.

Sie haben aber genau das bekommen, was sie sich gewünscht haben: beruflichen Erfolg. Wenn es das Ziel dieser Menschen gewesen wäre, glücklich zu sein, hätten sie es sich wünschen und etwas für dieses Ziel tun müssen und nicht ausschließlich für die Karriere arbeiten dürfen.

Wer eine Karriere will, macht Karriere. Wer ein Auto will, bekommt ein Auto. Wer einen Lebenspartner will, findet einen Lebenspartner. Keiner erhält das Glück gratis dazu. Wer glücklich sein will, muss sich dies als Ziel setzen.

Man kann später nicht sagen: »Aber ich habe es doch anders gemeint.« Wenn Sie in einem Laden sind, erhalten Sie auch das, was Sie sagen, und nicht das, was Sie meinen. Passen Sie also auf, dass Sie Glücklichsein nicht vergessen oder mit irgendetwas verwechseln.

Die Werbung unternimmt viel, damit wir das Glücklichsein mit materiellen Dingen verwechseln. Man verspricht uns Freiheit und Abenteuer und was bekommen wir tatsächlich? Eine Schachtel Zigaretten.

Um glücklich zu sein, muss man sich das Ziel setzen, glücklich zu sein. Wie bei anderen Zielen auch, wird einem nichts geschenkt. Und wie bei allen anderen Zielen auch muss man planen, aktiv sein und alle Hindernisse aus dem Weg räumen.

Glück entsteht nicht von selbst, wenn man Karriere macht oder sich etwas kauft. Wer seinen Eltern zuliebe Karriere macht, obwohl er lieber um die Welt segeln möchte, macht sich unglücklich. Wer seine Kollegen oder Freunde durch den Kauf eines Hauses beeindrucken möchte, obwohl ihm das Haus an sich nichts bedeutet, ist auf einem Irrweg. Wer sich dagegen ein Haus kauft, weil er es benutzen und gerne darin leben möchte, egal, was die anderen dazu sagen, hat beste Aussichten, sich mit dem Haus glücklich zu machen.

Befinden sich unsere Ziele in Übereinstimmung mit unseren Bedürfnissen, fühlen wir uns glücklich. Es spricht auch nichts gegen materiellen Besitz. Solange wir das kaufen, was wir brauchen und gerne benutzen, sind wir auf dem richtigen Weg.

Deshalb ist es wichtig, auf die persönlichen Bedürfnisse zu achten. Jeder ist auf seine eigene Art glücklich. Keine zwei Menschen sind gleich. Darum kann man sich nicht einfach an dem orientieren, was andere machen, sondern muss herausfinden, was man selber braucht, um glücklich zu sein.

Finden Sie heraus, was Sie glücklich macht.

Jedenfalls muss man beschließen, glücklich sein zu wollen, egal, was kommt, sonst wird es einem nicht gelingen. Der amerikanische Psychologe Gary Emery gibt dazu ein anschauliches Beispiel. Zusammen mit seiner Frau besuchte er Paris. In ihrem Hotel stellten Sie allerdings fest, dass die Zimmer überbucht waren. Ein Gruppe anderer Touristen, denen dasselbe passiert war, stand bereits schimpfend an der Rezeption des Hotels. Emery und seine Frau waren entschlossen, sich ihre Parisreise nicht verderben zu lassen, sondern sich an ihrem Aufenthalt in Paris zu erfreuen. Sie suchten sich ein anderes Hotel in der Nähe und konnten dort ein Zimmer mieten. Als sie kurz darauf auf ihrem ersten Spaziergang an dem ersten Hotel vorbeikamen, standen dort noch immer schimpfend die anderen Touristen. Es ist also ein enormer Unterschied, ob man nur eine Parisreise machen oder außerdem noch glücklich sein will.

Welche Ziele sind unerreichbar?

Einige Trainer sagen, dass man sich erreichbare Ziele setzen soll. Aber woher weiß man denn, ob etwas erreichbar ist oder nicht?

In der Geschichte der Menschheit gab es viele Ziele, die als unerreichbar galten. Lange Zeit schienen diejenigen Recht zu haben, die meinten, dass Menschen nicht fliegen können. Und nun tun sie es doch und sind sogar schon bis zum Mond geflogen.

Ganz erstaunlich ist auch, was indische Yogis vollbringen. Manche lassen sich einige Tage in einer Kiste begraben. Normalerweise würden Menschen dabei sehr schnell an Sauerstoffmangel sterben. Diese Yogis überleben diese Vorführung aber unbeschadet.

Ich erinnere mich auch an einen Filmbericht über einen Yogi, der jedes Jahr aufs Neue den Versuch unternahm, auf dem Wasser zu laufen. Bisher ist er aber jedes Mal hineingefallen und seine leichtgläubigen Anhänger auch. Aber wer weiß, vielleicht gelingt es ihm oder einem anderen eines Tages?

Welche Krankheiten sind unheilbar? Immer wieder gibt es Berichte über Menschen, die so genannte unheilbare Krankheiten überlebt haben. Manche Ärzte sagen dann, die Diagnose müsse falsch gewesen sein. Aber damit lassen sich nicht alle »Wunderheilungen« wegdiskutieren.

Was also heißt unheilbar? Überlegen Sie sich einmal Folgendes: Wenn jemand nicht auf einen Stuhl passt, gibt es zwei Möglichkeiten, dies zum Ausdruck zu bringen. Entweder sagt man, der Stuhl ist zu klein oder der Mensch ist zu groß. Auch ein Arzt hat diese zwei Möglichkeiten. Er kann es so sagen: »Diese Krankheit ist unheilbar.« Er könnte aber auch sagen: »Ich kann diese Krankheit nicht heilen.« Die zweite Möglichkeit verletzt möglicherweise sein Selbstwertgefühl, weil er damit eine Aussage über seine Fähigkeiten macht. Es ist aber die präzisere Aussage, weil sie offen lässt, ob ein anderer Arzt oder wer auch immer diese Krankheit heilen könnte.

Die Medizingeschichte handelt von zahllosen »unheilbaren« Krankheiten. Eine Krankheit ist nur so lange unheilbar, bis jemand Heilungsmöglichkeiten findet. Also Vorsicht mit scheinbar sachlichen, allgemein gültigen Prognosen.

Viel zu oft wird behauptet, etwas sei unerreichbar oder nicht machbar. Von Politikern hören wir oft, dass bestimmte Reformen undurchführbar seien. Sie versuchen uns einzureden, dass wünschenswerte gesellschaftliche Veränderungen utopisch seien. Solche Behauptungen entsprechen oft nur den Interessen dieser Politiker und der gesellschaftlichen Gruppen, die sie vertreten. Sie sagen: »Das geht nicht. Das ist nicht machbar. So etwas hat es noch nie gegeben.« Das sind oft nur

Ausreden. Wenn diese Aussagen richtig wären, hätten wir heute immer noch überall Kaiser und Könige, und wir müssten als Leibeigene und Untertanen ohne Rechte leben.

Diese Politiker sollten lieber sagen: »Ich kann das nicht machen«, oder »Ich will mich nicht dafür einsetzen.« Aber dann wäre offensichtlich, dass es nicht um Sachzwänge geht, sondern um mangelnden politischen Willen. Einen offenen Verrat ihrer Interessen würden die Bürger nicht dulden. Aber mit scheinbar sachlichen Aussagen lassen sie sich eine Weile hinhalten. Welche politischen Vorstellungen sind also wirklich unerreichbar?

Nicht jeder kann alles erreichen, aber vieles ist machbar. Kann eine 70-jährige Sängerin, die noch nie auf einer Opernbühne gestanden hat, noch Star der Metropolitan Opera werden? Normalerweise wohl nicht, aber wer weiß? Vielleicht schafft sie es doch. Nicht weil sie wie die Callas singt, aber weil es eine Gesangsrolle in einer neuen Oper gibt, die sie mit ihrer Art zu singen ausfüllt, und aufgrund ihrer Ausstrahlung und ihrer einzigartigen Persönlichkeit.

Kann jemand mit 70 Jahren den 100-m-Lauf bei einer Olympiade gewinnen? Das glaube ich nicht, jedenfalls nicht bei Olympischen Spielen, wie wir sie bisher kennen. Vielleicht gibt es aber eines Tages Olympische Spiele für verschiedene Altersklassen, die genauso populär sind wie die bisherigen Spiele.

Im Allgemeinen sind es sehr starke Persönlichkeiten, die Neues erfinden und denen scheinbar Unmögliches gelingt. Es macht ihnen nicht viel aus, als Querdenker oder Querulanten beschimpft zu werden. Deshalb sollten auch Sie Ihre Ziele nicht zu niedrig hängen. Lassen Sie sich von anderen nicht so ohne weiteres erzählen, dass Ihre Ziele unerreichbar seien. Falls Ihnen das Ziel gefällt, probieren Sie es lieber aus. Vielleicht gelingt es Ihnen auch, das Unmögliche möglich zu machen.

Schreiben Sie Ihre Ziele auf

Die eigenen Ziele aufzuschreiben hat einige Vorteile. Wenn es in Ihrem Leben einmal drunter und drüber geht und Sie sich fragen, was Sie denn nun eigentlich wollen, brauchen Sie nur Ihre Aufzeichnungen hervorzuholen und sich wieder auf Ihre Ziele zu besinnen.

Gerade in Zeiten, in denen man unter Stress steht, besteht die Gefahr, in alte Gleise zurückzufallen und die eigenen Ziele zu vergessen. Ziele zu erreichen bedeutet oft auch einen Kampf gegen alte Gewohnheiten und gegen das Vergessen.

Machen Sie es wie ein Kapitän: Halten Sie Ihre Ziele und Positionen in einem Logbuch fest.

Kapitäne führen ein Logbuch, in dem sie ihr Ziel und den Verlauf der Reise festhalten. Dasselbe können Sie auch tun. Notieren Sie, wo Sie jetzt stehen und wo Sie hinwollen. Dann haben Sie immer zwei Bezugspunkte. Sie können mithilfe Ihrer Aufzeichnungen jederzeit Ihren Standort feststellen und bestimmen, was Sie schon geschafft haben und was noch zu tun ist.

Machen Sie aber lieber kurze als lange Aufzeichnungen. Sonst könnte aus einem Hilfsmittel eine Hauptbeschäftigung werden. Schreiben Sie in Stichworten auf, was Sie wollen. Achten Sie darauf, dass ihre Notizen übersichtlich bleiben, und datieren Sie sie.

Schauen Sie sich Ihre Notizen regelmäßig an, am Anfang täglich. Später können Sie die Zeiträume verlängern. Es kommt darauf an, dass Sie Ihr Ziel stets vor Augen haben. Die Notizen unterstützen Ihr Gedächtnis. Sie sollen es aber nicht ersetzen. Deshalb gehen Sie Ihre Pläne erst in Gedanken durch. Anschließend können Sie noch einmal anhand Ihrer Aufzeichnungen überprüfen, ob Sie etwas vergessen haben.

Einfache Ziele

Ziele können sehr komplex sein. Dann fällt es einem schwer zu beurteilen, ob man gefunden hat, was man sucht, oder ob man lieber weitersuchen sollte. Diese Schwierigkeit können Sie vermeiden, wenn Sie sich auf das Wesentliche konzentrieren: Was ist Ihnen bei Ihrem Ziel am wichtigsten? Worauf kommt es Ihnen an? Worauf wollen Sie auf keinen Fall verzichten?

Bei einem Arbeitsplatz könnte dies so aussehen:

1. Spaß bei der Arbeit
2. Nette Kollegen
3. Eigenes Büro
   Oder:
1. Gute Bezahlung (wie viel Euro netto im Monat genau?)
2. Aufstiegsmöglichkeiten
3. Anerkennung vom Chef
   Bei der Wahl eines Wohnortes:
1. Großstadt (mindestens 250 000 Einwohner)
2. Interessante Kulturszene
3. Ausflugsmöglichkeiten
   Oder:
1. Ländlich
2. Gebirgig
3. Autobahn in der Nähe

Auch wenn Sie mehr als drei Kriterien für Ihr Ziel haben, überlegen Sie sich, welches Ihre drei wichtigsten sind. Auf diese Weise setzen Sie Prioritäten und stellen sicher, dass Sie auf jeden Fall das erreichen, was Ihnen am wichtigsten ist. Alle weiteren Kriterien werden dann zu dem Tüpfelchen auf dem i.

Sie sollten in der Lage sein, einem anderen ohne Zögern zwei Fragen zu beantworten: Was ist Ihr Ziel? Und was ist Ihnen am wichtigsten dabei?

Mehrere Ziele

Was möchten Sie alles erreichen? Wie viele Wünsche haben Sie? Es soll Leute geben, die haben ganze Schreibhefte voll geschrieben mit Zielen, die Sie im Laufe ihres Lebens erreichen möchten.

Was die Anzahl der Ziele angeht, gibt es zwei Probleme: Entweder hat man überhaupt keine Ziele und ist ratlos oder man hat so viele Ziele, dass man gar nicht weiß, womit man anfangen soll. Falls Sie noch keine Ziele haben, arbeiten Sie den Abschnitt »Ziele finden« durch.

An dieser Stelle wollen wir uns um das andere Problem kümmern, nämlich was Sie tun können, wenn Sie unter zu vielen Zielen leiden. Dass Sie zu viel wollen, merken Sie am schnellsten daran, dass Sie in Zeitnot sind und gar nicht wissen, wo Ihnen der Kopf steht. Es kann auch vorkommen, dass Sie wie gelähmt sind, weil mehrere Ziele Sie faszinieren und Sie sich nicht entscheiden können.

Befassen wir uns zunächst mit problematischen Methoden wie Zeitmanagement, Schlafentzug und Drogen.

Zeitmanagement

Bestimmt haben Sie diesen Begriff schon einmal gehört. Dabei geht es darum, sich die Zeit genau einzuteilen (manchmal im Viertelstundentakt) und alle Aktivitäten zu vermeiden, die Sie daran hindern, Ihre Ziele zu erreichen.

Mittlerweile gibt es Zeitmanagementsysteme »der dritten Generation« (oder war es die vierte?). Zeitplanungssysteme halten offenbar nicht, was sie versprechen, und werden dies wohl auch in Zukunft nicht tun. Trotzdem scheint es für manche Menschen unverzichtbar geworden zu sein, dicke Zeitplaner mit sich herumzutragen. Diese enthalten Tages-, Wochen-, Monats-, Jahres-, 10-Jahres- und Lebenspläne. Damit wird das Chaos verwaltet, aber nicht beseitigt. Diese Leute springen von Termin zu Termin und wissen oft nicht, in welchem Film sie eigentlich gerade sind. Der Aktionismus täuscht darüber hinweg, dass viele ihrer Anstrengungen unnötig sind.

Zeitmanagementsysteme sind keine Lösung, sondern Teil des Problems. Die ständige Beschäftigung mit dem Terminkalender, das Einteilen der Aktivitäten in A-, B-, C-, D-Kategorien und die Plankontrolle selbst kosten viel Zeit. Zeitplanung wird auf diese Weise früher oder später zu einem Zeiträuber.

Schlafentzug und Drogen

Die Extremisten unter den Zeitplanern gehen noch einen Schritt weiter. Zwar können auch sie aus einem 24- keinen 48-Stunden-Tag machen. Aber diese Leute reduzieren ihren Schlaf, von acht auf sechs Stunden oder weniger. Neun oder zehn Stunden Schlaf gelten bei diesen Fanatikern sowieso als pure Sünde.

Was vielleicht kurzfristig zu einer Erleichterung führt, weil man ein oder zwei Stunden mehr Zeit hat, erweist sich nach kurzer Zeit als Falle. Dann nämlich sind auch diese zusätzlichen Stunden voll gestopft. Der Stress bewegt sich nunmehr auf höherem Niveau. Anstatt 16 Stunden durch das Leben zu hetzen, sind es jetzt 18 Stunden.

Die meisten Leute halten so einen Lebensstil nur mithilfe von legalen oder illegalen Drogen durch. Kokain, Ecstasy, Nikotin, Koffein und andere Aufputschmittel zum Wachwerden und Wachbleiben, Schlaftabletten und Beruhigungspillen zum Einschlafen und zwischendurch je nach Bedarf Schmerzmittel, Aspirin und Alkohol. Auf diese Weise kommen die Vielbeschäftigten und Vielgestressten eine Zeit lang durchs Leben. Dann folgt der Zusammenbruch.

Doping gehört in einer Leistungsgesellschaft sowohl zum Sport als auch zum Alltag. Im Alltag herrscht dieselbe Verlogenheit wie im Sport. Einerseits erwartet man ständig neue Rekorde und andererseits soll alles mit rechten Mitteln zugehen. Was für eine Illusion!

Dabei sind die Höchstleistungen im Sport genauso sinnlos wie der Aktionismus in unserer Gesellschaft. Volle Terminkalender sollen darüber hinwegtäuschen, dass deren Besitzer keine wichtigen Ziele haben. Schauen Sie sich doch einmal an, was bei den Nachtsitzungen und Wochenendkonferenzen unserer Politiker und Manager eigentlich herauskommt. Haben Sie den Eindruck, dass die viel beschäftigten Macher in Politik und Wirtschaft die Probleme unserer Zeit wie Arbeitslosigkeit, Verkehrschaos, Umweltzerstörung, Steuerflucht, Obdachlosigkeit und Korruption gelöst kriegen? Sie eilen von Termin zu Termin, halten vor allen möglichen und unmöglichen Versammlungen Reden, die kaum interessieren, und legen Wert darauf, im Fernsehen allgegenwärtig zu sein. Das kostet sehr viel Zeit, die dann zum Nachdenken fehlt. Und ohne Nachdenken können die Probleme nicht gelöst werden.

Zeitmanagement erhöht den Stress, wenn man nicht an der Wurzel des Problems ansetzt. Auch das Streichen der Ruhepausen ist ein Irrweg und führt über kurz oder lang zu Erschöpfung und Krankheiten. Über den Missbrauch von Drogen brauche ich hier kein Wort zu verlieren. Kommen wir lieber zu wirksamen Mitteln gegen zu viele Ziele.

Verzicht

Hinter dem Aktionismus und der Zeitnot stecken mächtige Kräfte: die Überzeugung, um jeden Preis etwas Angenehmes erleben zu müssen, und die Angst, etwas Wichtiges zu versäumen. Aber gerade Angst und Gier machen ein gutes Leben unmöglich. Sie verhindern den Genuss; denn um zu genießen, braucht man Zeit. Menschen, die sich als glücklich bezeichnen, haben Zeit im Überfluss.

Es gibt einen einfachen Weg, genügend Zeit im Leben zu haben. Finden Sie heraus, was Ihnen am meisten bedeutet und Spaß macht. Verzichten Sie auf den Rest. Was könnten Sie mehr wollen, als Zeit für das zu haben, was Sie lieben? Mehr wäre nicht mehr, sondern weniger. Zwar lässt sich Vergnügen steigern. Es gibt aber einen Punkt, an dem es nicht weiter zunimmt, sondern abnimmt. Nehmen Sie ein simples Beispiel: Ein Eis ist prima, vielleicht sind zwei Eis oder drei noch besser. Aber bei 20 oder 30 in kurzer Zeit hört der Spaß bestimmt auf. Bei 50 oder 100 ist die Grenze zum Horror

Freiwilliger Verzicht kann eine Wohltat sein.

überschritten. Wenn Sie es nicht glauben, probieren Sie es aus. Den Punkt, an dem das Vergnügen nicht zunimmt, sondern abnimmt, haben die meisten Menschen in unserer Gesellschaft erreicht oder sogar schon lange überschritten.

Trotzdem scheint Verzicht für viele ein hässliches Wort zu sein. Vielleicht, weil sie als Kinder gezwungen wurden, zu verzichten. Erzwungener Verzicht ist schmerzhaft. Vielleicht liegt es aber auch daran, dass Verzicht nie als Gewinn erlebt wurde, im Sinne eines weniger ist mehr.

Freiwilliger Verzicht kann eine große Wohltat sein: Einmal, weil man erlebt, frei zu sein. Nicht die Dinge haben einen, sondern man beherrscht die Dinge. Und zum anderen gewinnt man Zeit für das, was einem wirklich wichtig ist. Wie gesagt: Was will man mehr?

Sich entscheiden

Nehmen wir einmal an, Sie möchten eine Reise nach Paris machen. Sie kommen nur dahin, wenn sie auf Rom, London, New York, Tokio, Bangkok und alle anderen Orte auf der Welt verzichten. Solange Sie sich nicht für eine Stadt (und gegen alle anderen!) entscheiden, kommen Sie nicht vom Fleck.

Es gibt allerdings eine sichere Methode, sich das Leben zu vermiesen. Sie besteht darin, nach Paris zu fahren und die ganze Zeit daran zu denken, wie schön es in Rom gewesen wäre. Oder nach Rom zu fahren und die ganze Zeit daran zu denken, wie schön es in Paris sein könnte.

Leider beherrschen viele Menschen diese Art, sich unglücklich zu machen. Sie empfinden bei allem, was sie tun, nur den Verzicht. Wenn sie das eine essen, bedauern sie, nicht auch das andere hinunterschlingen zu können. Wenn sie das eine Auto besitzen, möchten sie auch noch andere Autos haben. Sie leben in dem einen Haus und beneiden die Nachbarn um ihre Häuser. Sie haben einen Beruf und hätten gerne einen anderen. Sie leben mit einer Frau bzw. einem Mann und träumen von den anderen.

Auch viele Raucher kennen dieses Hin-und-hergerissen-Sein: Wenn sie rauchen, wünschen sie sich aufzuhören. Wenn sie aufhören, träumen sie vom Rauchen. Sie stecken in einem Dilemma.

Zielkonflikte kann man nur lösen, indem man sich für das eine und gegen das andere Ziel entscheidet und zu dieser Entscheidung steht. Wie aber trifft man Entscheidungen?

Man kann die Alternativen in Gedanken durchspielen, so, wie Sie es machen, wenn Sie aus einer Speisekarte im Restaurant etwas aussuchen. Sie lesen den Namen eines Gerichts und stellen sich vor, wie es wäre, dies zu essen. Sie spüren, ob Sie bestimmte Lebensmittel essen wollen oder nicht. Danach brauchen Sie sich nur zu richten.

Man kann auch eine Plus-Minus-Liste machen. Dabei listen Sie alle Vor- und Nachteile einer Entscheidung auf und gewichten die einzelnen Punkte. Dann wählen Sie die Alternative mit den größten Vorteilen. Fragen Sie aber auch Ihren Körper. Rein rationale Entscheidungen sind oft fehlerhaft, weil einem nicht alles bewusst ist, was man für die richtige Entscheidung braucht. Das Unbewusste kann man vollständig im Körper spüren. Fragen Sie deshalb Ihren Körper. Lassen Sie Antworten in Form von Worten oder Bildern auftauchen. Dieser seit langem bekannte Prozess des Körperbefragens wird neuerdings Focusing genannt. Er ist in den Büchern von Ann Weiser Cornell, *Focusing – Der Stimme des Körpers folgen*, Winfried Bergermann, *Focusing* und Gendlin/Wiltschko, *Focusing in der Praxis* gut beschrieben.

Nachdem man eine Entscheidung getroffen hat, ist es wichtig, sie nicht mehr anzuzweifeln. Die Zweifel klärt man, bevor man sich entscheidet. Danach ist für Zweifel kein Platz mehr. Nachdem man sich entschieden hat, befasst man sich ausschließlich mit den Vorteilen der Alternative, für die man sich entschieden hat. Natürlich kann man irgendwann eine neue Entscheidung treffen. Aber erst einmal ist es wichtig, der getroffenen Entscheidung eine faire Chance zu geben.

Erinnern Sie sich an die Gründe, die für die Alternative sprachen, für die Sie sich entschieden haben. Sonst enden Sie wie die Leute, die nach Paris fahren und in Gedanken in Rom sind. Wenn Sie sich für Paris entschieden haben, freuen Sie sich darüber. Rom spielt jetzt keine Rolle mehr (Rom-Liebhaber können die Begriffe in diesem Beispiel tauschen).

Eins nach dem anderen

Zielkonflikte lassen sich effektiv nur dadurch lösen, dass man Prioritäten setzt, das heißt auf einige Ziele verzichtet und sich auf die konzentriert, die einem mehr bedeuten als alles andere.

Manchmal besteht die beste Lösung darin, die anderen Ziele zunächst zurückzustellen, nach dem Motto: eines nach dem anderen. Dadurch kann man sich auf ein Ziel konzentrieren, ohne die anderen für immer aufzugeben. Um diese Projekte kann man sich später kümmern. Dieses Vorgehen hat den Vorteil, nach dem Erreichen des ersten Ziels schon das nächste zu kennen. Sie fahren also nach Paris und freuen sich außerdem, demnächst auch noch nach Rom zu reisen.

Das Prinzip, eins nach dem anderen zu tun, bringt große Ruhe in den Ablauf von Projekten. Man kann sich auf die Gegenwart konzentrieren und an den Fortschritten eines Projekts erfreuen, ohne sich mit zahlreichen anderen Zielen abzulenken. Das Leben wird einfacher und zugleich angenehmer und erfreulicher.

Der mittlere Weg zwischen Verzettelung und Fixierung

An dieser Stelle möchte ich noch einmal auf die Bedeutung des mittleren Wegs hinweisen. Auch bezüglich der Anzahl von Zielen stehen wir vor zwei Extremen. Zum einen besteht die Gefahr, sich durch zu viele Ziele zu verzetteln. Wann dieser Punkt erreicht ist, hängt von der Art der Ziele und der individuellen Belastbarkeit ab. Klar ist jedenfalls, dass jeder an einen Punkt kommt, wo es zu viel wird. Sie merken es an Ihrer permanenten Zeitnot.

Das Gegenmittel lautet: Prioritäten setzen und verzichten. Lassen Sie ein paar Ihrer Ziele los, entweder für immer oder für den Moment. Dann gewinnen Sie Ihre Zeit zurück und können sich an dem erfreuen, was Ihnen wichtiger ist als alles andere.

Das andere Extrem besteht in der Fixierung auf ein einziges Ziel. Die Gefahr liegt darin, dass Sie von diesem einen Ziel wie besessen sind. Anstatt das Ziel zu haben, hat das Ziel Sie. Das Leben kann dann sehr einseitig werden. Früher oder später leidet Ihre Gesundheit und Ihre Beziehungen kommen zu kurz. Vielleicht merken Sie es eine Zeit lang gar nicht. Aber spätestens, wenn Sie Ihr Ziel erreicht haben, werden Sie aufwachen und feststellen, dass Ihr Leben verarmt ist. Lassen Sie es erst gar nicht so weit kommen.

Das Gegenmittel besteht darin, mindestens ein zweites Ziel zu haben. Wenn Sie zwei, drei Ziele haben, sind Sie auch nicht so frustriert, wenn es einmal bei einem Ihrer Projekte nicht so recht weitergeht. In diesen Zeiten arbeiten Sie an dem anderen Ziel. Wichtig ist nur, dass Sie immer den Überblick behalten (und zwar ohne umfangreiche Zeitmanagementsysteme) und genug freie Zeit behalten. In Ihrem Zeitplan sollte immer ein bisschen Luft sein. Auf diese Weise führen Sie ein ausgeglichenes und entspanntes Leben und erreichen trotzdem viel.

Motivieren Sie sich

Spaß, Lust und Freude

Die Beatles und die Rolling Stones sind Anfang der Sechzigerjahre mit ihrer Musik weltberühmt geworden. Warum haben die Beatles dann 1970 aufgehört? Und warum spielen die Rolling Stones 40 Jahre später immer noch? Ganz einfach: Den Beatles hat es keinen Spaß mehr gemacht, zusammen Musik zu machen. Die Rolling Stones dagegen genießen es immer noch, auf Tournee zu gehen.

Warum heiraten Menschen? Soweit sie selber darüber bestimmen dürfen, tun sie es, weil es ihnen Spaß macht, mit ihrem Partner zusammen zu sein. Und warum lassen sich Menschen scheiden? Genau aus dem umgekehrten Grund: weil sie keine Lust mehr haben, zusammenzuleben.

Würden Sie aufhören wollen, mit anderen Musik zu machen, wenn Sie sich jeden Tag darauf freuen, die anderen wiederzusehen und zusammen zu spielen? Würden Sie sich von jemandem trennen wollen, mit dem Sie jeden Tag genießen?

Andererseits: Wie lange würden Sie joggen, wenn Sie jeden Tag Schmerzen dabei haben? Wie oft würden Sie etwas essen, das Sie widerlich finden?

Spaß ist das Hauptmotiv für Menschen, etwas zu tun. Unlust dagegen bringt Menschen früher oder später dazu, aufzuhören. Nutzen Sie diese Erkenntnisse, um Ihre Ziele zu erreichen. Was immer Sie wollen, verbinden Sie es mit Spaß, Lust und Freude.

Spaß ist das wichtigste Motiv, etwas zu tun.

Nur wenn Sie sich auf das Erreichen Ihres Ziels freuen und unterwegs genug Spaß haben, bringen Sie die Energie auf, alles zu tun, was nötig ist, und alle Schwierigkeiten zu meistern.

Es kommt darauf an, das Interesse und den Spaß an einer Sache über längere Zeit aufrechtzuerhalten. Picasso hätte nicht 80 Jahre lang gemalt, wenn es ihm langweilig geworden wäre. Er hat seiner Lieblingsbeschäftigung immer wieder neue Seiten abgewonnen, indem er neue Formen und Farben benutzt und damit gespielt hat.

Wenn man etwas immer haargenau auf dieselbe Weise macht, verliert man das Interesse daran. Es wird langweilig. Der Spaß geht verloren. Deshalb ist es wichtig, immer wieder Neues zu entdecken und das, was man tut, zu variieren. Dann bleibt das Interesse wach und es macht Spaß.

Angst

Angst ist nicht nur ein schlechter Ratgeber, sondern auch eine schlechte Motivation. Zwar kann Angst durchaus jemanden veranlassen zu handeln. Zum Beispiel fangen manche Schüler an zu lernen, um die nächste Klassenarbeit zu bestehen. Sie haben Angst vor einer schlechten Note. Aber der Nachteil ist ebenso offensichtlich. Sie hören wieder auf zu lernen, sobald die Prüfung vorbei ist, und vergessen das Gelernte schnell.

Anders dagegen die Schüler, die Spaß am Lernen haben. Sie beschäftigen sich mit dem Lernstoff unabhängig von Prüfungen. Niemand muss sie dazu zwingen. Sie tun es gerne. Wegen der häufigen Beschäftigung mit ihren Lieblingsthemen und der damit verbundenen Wiederholungen behalten sie den Stoff auch über die Klassenarbeiten hinaus.

Angst motiviert nur kurzfristig und nur, solange eine Drohung oder Gefahr besteht.

Angst motiviert nur kurzfristig.

Mit der Zeit gewöhnen sich Menschen aber auch an Drohungen und Gefahren. Ihre Angst nimmt ab und damit auch die durch die Angst veranlasste Aktivität.

Motivation als Motor des Erfolgs

Ihre Motivation veranlasst Sie, mit der Arbeit an Ihrem Projekt anzufangen, und sorgt dafür, dass Sie so lange weitermachen, bis Sie Ihr Ziel erreicht haben. Sie können also leicht erkennen, ob Sie motiviert sind oder nicht. Wenn Sie etwas tun, um Ihrem Ziel näher zu kommen, sind Sie motiviert.

Wenn Sie nichts tun, sind Sie nicht motiviert. Sie fangen erst gar nicht an oder hören auf und machen nicht weiter. Wenn Sie Ihre Motivation verlieren und nicht wieder finden, ist Ihr Projekt endgültig gescheitert. Demotivation ist das größte innere Hindernis auf dem Weg zum Erfolg.

Nehmen wir an, Sie stünden vor einer verschlossenen Tür und möchten in den Raum, der hinter der verschlossenen Tür liegt. Die verschlossene Tür stellt ein äußeres Hindernis dar. Sie bilden es sich nicht bloß ein. Es existiert tatsächlich. Um in den Raum hinter der Tür zu kommen, müssen Sie irgendeinen Weg finden. Die Tür ist aber nicht das größte Hindernis.

Solange Sie motiviert sind, werden Sie Wege zum Ziel suchen. Ihnen wird immer wieder etwas einfallen. Sie werden vieles ausprobieren. Sie werden es immer wieder versuchen. Mit jedem Versuch steigen Ihre Chancen, dass Sie es schließlich schaffen. Es gibt viele Wege. Sie können den Schlüssel suchen, die Tür oder eine Wand aufbrechen, zum Fenster einsteigen oder ein Loch in die Decke oder den Boden bohren. Wenn Sie motiviert sind, werden Sie einen Weg finden.

Wenn Sie jedoch die Lust verlieren, erlahmen Ihre Aktivitäten. Sie haben keine Ideen mehr. Sie unternehmen keine Versuche mehr. Und wenn Sie es nicht versuchen, haben Sie auch keine Chance, Ihr Ziel zu erreichen. Deshalb ist die mangelnde Motivation die größte Gefahr für Ihre Pläne.

Die Motivation erneuern

Am Anfang ist man von seinen Zielen begeistert. Man ist voller Vorfreude und kann es gar nicht erwarten, ans Ziel zu gelangen. Aber nach einiger Zeit, vielleicht schon im nächsten Moment oder auch erst am nächsten Morgen oder bei den ersten Hindernissen, nimmt die Begeisterung ab. Das Ziel sieht plötzlich grau aus und man versteht nicht mehr, warum es einen einmal interessiert hat. Nach einer Weile kehrt die alte Begeisterung langsam wieder zurück. Man hat ausgeschlafen und neue Kräfte gesammelt. Die Enttäuschung über einen Misserfolg hat sich gelegt, und man erinnert sich wieder, was einem dieses Ziel bedeutet. So geht es ständig auf und ab. Auf die Begeisterung folgt die Ernüchterung. Zweifel setzen ein. Aber wenn man sie überwindet, ist die alte Begeisterung wieder da.

Motivation muss immer wieder neu aufgebaut werden.

Motivation ist der Motor des Erfolgs, Demotivation die Bremse und Erneuerung der Motivation bedeutet, den Motor neu einzustellen und wieder in Gang zu setzen. Motivation ist ein Prozess und kein Zustand. Sie nimmt zu und wieder ab. Manchmal scheint sie ganz verschwunden zu sein. Dann taucht sie wieder auf. Sie wechselt und ist nicht immer gleich stark.

Es ist nicht selbstverständlich, motiviert zu sein. Man muss seine Motivation pflegen, indem man sich überlegt, was das Ziel, das man verfolgt, mit Spaß zu tun hat. Man muss immer wieder Möglichkeiten finden, das angestrebte Ziel und den Weg dahin mit Spaß, Lust und Freude zu verbinden. Zweifel muss man anzweifeln, und alles, was Unlust auslöst, so weit wie möglich minimieren.

Vielleicht wissen Sie nicht, wie man Zweifel anzweifelt. Nehmen wir ein einfaches Beispiel. Sie möchten einen Spaziergang unternehmen. Sie freuen sich darauf und sind schon fast auf dem Weg zur Tür, als Ihnen einfällt: Aber es könnte regnen! Sie stellen sich vor, wie Sie mit nassen Haaren und nasser Kleidung von einer Pfütze in die nächste treten. Wenn Sie es bei dieser Vorstellung lassen, bleiben Sie bestimmt zu Hause.

Nun zweifeln Sie den Zweifel an: Aber vielleicht wird es überhaupt nicht regnen. Da sind zwar ein paar graue Wolken. Aber vielleicht gehen die vorüber. Außerdem können Sie einen Schirm mitnehmen und eine feste Regenjacke anziehen. Dann fällt Ihnen auch noch die Melodie von »I'm singing in the rain« ein, und Sie sehen sich fröhlich durch einen Wolkenbruch stapfen.

Aus der Vorstellung »Aber es könnte regnen« machen Sie also die Überlegungen »Aber es könnte auch nicht regnen, und dann tut es mir Leid, dass ich nicht gegangen bin« oder »Aber ich könnte trotzdem Spaß haben«. Sie widersprechen den Zweifeln, die immer mit »Aber« anfangen: »Aber was ist, wenn ...?« Sagen Sie einfach: »Aber was ist, wenn nicht?« Beispiel: »Aber was ist, wenn ich ins Kino gehe und mir der Film nicht gefällt?« – »Aber was ist, wenn ich ins Kino gehe und mir der Film gefällt?«

Die Aussicht auf etwas Erfreuliches

Leider ist es nicht immer möglich, nur das zu tun, was einem Spaß macht. Wenn wir zum Zahnarzt gehen müssen, weil ein Zahn schmerzt, hat der Zahnarztbesuch mit Spaß nichts zu tun. Es geht um eine Notwendigkeit. Ebenso ist es für die meisten Menschen nicht besonders lustvoll, eine Steuererklärung auszufüllen. Auch hier steht die reine Notwendigkeit im Vordergrund.

In diesen Fällen kann man sich das Leben versüßen, wenn man sich anschließend oder zwischendurch belohnt. Durch die Aussicht auf etwas Erfreuliches, durch die Vorfreude fällt es einem leichter, die notwendigen Tätigkeiten zu erledigen. Wenn man weiß, dass man sich nach dem Zahnarztbesuch eine CD kaufen und seine Lieblingsmusik hören kann, ist der Tag nicht ganz verloren. Statt nur dauernd an den schmerzenden Zahn und die Zahnarztpraxis zu denken, kann man die Gedanken auf die Musik lenken, die man anschließend hören wird.

Belohnungen werden aber nur als solche empfunden, wenn sie in einem engen zeitlichen Zusammenhang mit der Belastung stehen. Wenn Sie sich für den Besuch beim Zahnarzt eine CD versprochen haben und dann erst drei Tage später in einen CD-Laden gehen, hat sich die Sache erledigt. Sie haben dann zwar eine neue CD, aber die Belohnung für den Zahnarztbesuch ist dem Gefühl nach ausgefallen.

Wenn Sie sich für die Überstunden im Januar drei Urlaubstage im August in Aussicht stellen, ist das zwar irgendwie nett von Ihnen, aber mit den Überstunden im Januar hat das nur theoretisch etwas zu tun. Also hören Sie sich die CD noch am selben Tag an, und genehmigen Sie sich Anfang Februar einen kurzen Urlaub als Belohnung für die Überstunden im Januar.

Seien Sie großzügig mit Belohnungen

Auch abgesehen von Zahnarztbesuchen hat jeder Mensch täglich ein paar Dinge zu erledigen, auf die er lieber verzichten würde. Die Pflichten kommen auf uns zu, ohne dass wir darum bitten. Andere Menschen wollen irgendetwas von uns, und nein zu sagen ist auch nicht immer ganz einfach. Auch die Umstände zwingen uns öfter als uns lieb ist zu reagieren. Es kann ein Wasserhahn sein, der tropft, die Waschmaschine, die kaputtgeht, oder das Auto, das nicht anspringt. Ständig gibt es irgendwelche Dinge, die wir nicht voraussehen und um die wir uns kümmern müssen.

Ich habe einmal gehört, wie jemand zu einem anderen sagte: »Die Summe der Probleme bleibt doch immer gleich.« Da ist etwas Wahres dran. Wenn wir ein Problem gelöst haben, dauert es nicht lange, bis ein neues Problem auftaucht. Der Philosoph Karl Popper hat einem Buch gleich den Titel gegeben *Alles Leben ist Problemlösen*. Probleme zu lösen und Pflichten zu erfüllen gehört genauso zum Leben, wie Spaß zu haben und sich zu belohnen. Wenn wir warten würden, bis alle Probleme gelöst und alle Pflichten erfüllt sind, könnten wir lange warten. Deshalb ist es wichtig, sich täglich Zeit zu nehmen, um sich zu entspannen. Lassen Sie ab und zu fünf gerade sein. Es gibt kein natürliches Ende der Aufgaben. Die Zeit für Pausen müssen wir uns einfach nehmen.

Besonders in amerikanischen Büchern kann man manchmal lesen, dass man sich ruhig 15 Minuten am Tag Zeit für sich selbst gönnen darf, ohne gleich ein schlechtes Gewissen haben zu müssen. Ich glaube nicht, dass ein Mensch auf Dauer mit so wenig Zeit zur Entspannung und Besinnung auskommt. Derart kurze Erholungszeiten sind höchstens ein Tropfen auf den heißen Stein und Ausdruck einer Gesellschaft, die Beschleunigung, Leistung und Geldverdienen verherrlicht.

Es gibt aber auch in den USA andere Meinungen zu diesem Thema. Der Psychologe Ernest L. Rossi empfiehlt, alle anderthalb bis zwei Stunden 20 Minuten Pause zu machen. Das entspricht wohl eher den menschlichen Bedürfnissen. Dem Namen nach kann man vermuten, dass die Eltern oder Großeltern von Rossi aus Italien stammen und damit aus einer Kultur, die die Wohltaten der Siesta noch kennt.

Wie auch immer, sorgen Sie dafür, dass Sie täglich einen angemessenen Ausgleich für die Belastungen und Anstrengungen des Lebens finden. Belohnen Sie sich

Belohnen Sie sich immer wieder.

mit kleinen Pausen. Stress ist unschädlich oder sogar belebend, wenn ihm entsprechende Ruhezeiten gegenüberstehen. Dauerstress dagegen ruiniert die Gesundheit. Halten Sie sich durch Ruhepausen und Belohnungen bei Laune und Ihr Leben wird angenehmer und erfreulicher. Auf diese Weise pflegen Sie Ihre Motivation.

Ein motivierendes Ziel, ein motivierender Weg und Belohnungen bei Schwierigkeiten

Um Ihr Ziel zu erreichen, brauchen Sie drei Motivationen: Ihr Ziel muss für Sie attraktiv sein, der Weg sollte Ihnen Spaß machen, und wenn es einmal schwierig wird, müssen Sie sich durch Belohnungen bei Laune halten. Gehen wir diese drei Motivationen einmal im Einzelnen durch:

1. Sie freuen sich, sobald Sie an Ihr Ziel denken. Sie finden es großartig und sind davon begeistert. Es reizt Sie mehr als alles andere, Ihren Traum zu verwirklichen. Sie träumen immer wieder davon, wie schön es wäre, dieses Ziel zu erreichen.

Wenn Ihr Ziel Sie nicht begeistert, suchen Sie sich ein anderes. Lesen Sie das Kapitel »Wie man Ziele findet«. Ist Ihr Ziel langweilig, brauchen Sie sich nicht zu wundern, dass Sie nichts dafür tun oder bei der ersten besten Gelegenheit nach Zerstreuung suchen.

2. Morgens stehen Sie gerne auf, weil Sie sich über die nächsten Schritte freuen, und abends liegen Sie zufrieden im Bett, weil Sie Ihrem Ziel wieder ein Stück näher gekommen sind. Sie freuen sich über jeden kleinen Schritt auf dem Weg. Sie haben Ihr Ziel vor Augen und genießen die Reise.

Falls Sie keinen für Sie angenehmen Weg finden, besteht die Gefahr, dass Sie über kurz oder lang aufgeben, auch wenn Ihr Ziel an sich attraktiv ist. Stellen Sie sich vor, Sie sind die Heldin in einem Märchen. Am Ende eines Weges befindet sich der Schatz, der Ihnen mehr als alles andere in der Welt bedeutet. Aber der Weg dorthin ist mit Dornen übersät. Riesige Furcht erregende Drachen fliegen durch die Lüfte und speien Feuer. Glauben Sie wirklich, Sie würden sich auf den Weg machen, barfuß, wie Sie sind? Ich würde es nicht tun, es sei denn ich habe Siebenmeilenstiefel, einen tüchtigen Flaschengeist, der mir die Drachen vom Leib hält, und für alle Fälle eine große Tube Nicht-Wehtu-Salbe. Deshalb rate ich Ihnen, sich die Aufgabe so leicht wie möglich zu machen. Sonst stehen Sie längere Projekte nicht durch.

3. Immer wenn Hindernisse auftauchen, wird Ihnen der Weg nicht mehr besonders viel Spaß machen. Falls Sie mit Schwierigkeiten zu kämpfen haben, belohnen Sie sich zwischendurch. Dadurch können Sie Durststrecken überwinden. Erfreuen Sie sich an den schönen Dingen des Lebens, gehen Sie ins Kino, reden Sie mit Freundinnen und kaufen Sie sich ein paar Blumen. Tun Sie einfach das, was an diesem Tag möglich ist und woran Sie trotz aller Schwierigkeiten, Probleme und Misserfolge einigermaßen Spaß haben können. Sie schaffen auf diese Weise Distanz zu Ihren Problemen. Mit neuen Kräften können Sie anschließend weitermachen.

Willenskraft und Selbstdisziplin: Vergessen Sie es!

Welche Rolle spielen Willenskraft und Selbstdisziplin, wenn es gilt, Ziele zu erreichen? Was ist mit den willensstarken Männern (im Allgemeinen wird Willensstärke nur Männern zugesprochen), die durch ihre Entschlossenheit alle Hindernisse wegfegen? Warum sind diese Männer so entschlossen? Warum bringen sie so viel Selbstdisziplin auf? Sie ahnen die Antwort: Weil sie motiviert sind. Sie wollen ihre Ziele erreichen. Sie haben gute Gründe für ihre Entschlossenheit. Selbstdisziplin fällt ihnen relativ leicht, weil sie wissen, dass sich ihre Anstrengung lohnen wird.

Wer kennt nicht die Spielfilme, in denen die Helden finster blicken und die Zähne zusammenbeißen? Angespannte Muskeln lassen sich leicht zeigen. Die Motivation, die hinter der Entschlossenheit steht, lässt sich dagegen nicht filmen. Man kann sie nicht direkt beobachten. Aus diesem Grund ist im Kino genauso wie im Alltag der falsche Eindruck entstanden, dass Erfolg vor allem mit Kraft und Anspannung zu tun hat. Deshalb meinen manche Menschen, dass hinter der sichtbaren äußeren Muskelkraft auch eine innere Willenskraft stecken müsse. Im Geist gibt es jedoch keine Muskeln. Aber es gibt motivierende Fantasien, Vorstellungen, die in irgendeiner Weise Spaß in Aussicht stellen. Und darum sind Frauen, Kinder und auch Männer bereit, sich für ihr Ziel anzustrengen. Sorgen Sie für eine gute Motivation. Dann brauchen Sie sich um Selbstdisziplin und Willensstärke keine Gedanken zu machen.

Wo ein Wille ist, ist ein Weg – und nicht umgekehrt

Das Sprichwort lautet: Wo ein Wille ist, ist ein Weg. Es stimmt, dass jemand, der motiviert ist, meist auch einen Weg findet, ans Ziel zu gelangen. Leider drehen manche dieses Sprichwort um und sagen: »Ich will erst wissen, ob es einen Weg gibt, bevor ich mich entschließe.« So funktioniert es aber nicht. Unmotivierte oder Halbmotivierte kommen nicht ans Ziel, weil sie beim ersten Hindernis aufgeben. Das anfängliche Hindernis kann darin bestehen, noch keinen Weg zu sehen. Ohne Motivation macht man sich natürlich nicht die Mühe, immer wieder nach Möglichkeiten Ausschau zu halten. Was auf den ersten Blick wie eine realistische Einstellung aussieht – erst einmal zu fragen, ob es überhaupt einen Weg gibt –, stellt sich bei genauerer Analyse als mangelhafte Motivation heraus.

Unmotivierte oder Halbmotivierte kommen nicht ans Ziel.

Ohne Motivation kommt niemand ans Ziel. Wege eröffnen sich dem, der sein Ziel unbedingt erreichen möchte.

Unbewusste Motivation

Wenn Sie von Anfang an motiviert sind, bemerken Sie die Gründe Ihres Handelns vielleicht nicht einmal. Sie wissen nur, dass Sie etwas Bestimmtes erreichen wollen, und fangen an. So schnell, wie die Dinge ablaufen, entsteht der Eindruck, als ob es weder eine Motivation noch einen Plan gibt. Sie hatten keine Zeit zu bemerken, warum Sie Ihr Ziel erreichen wollen.

Ob Sie Ihr Ziel, Ihre Motivation, Ihren Plan und die Einzelheiten Ihres Handelns erkennen, hängt zum einen davon ab, wie bewusst Sie im Allgemeinen sind, aber auch davon, ob es in dem konkreten Fall überhaupt notwendig ist, sich jeden einzelnen Schritt bewusst zu machen. Viele Angelegenheiten kann man ohne weiteres der unbewussten Routine überlassen.

Die Tatsache, dass viele Menschen ihre Ziele, Motive und Pläne nicht kennen und auch ihre Aktivitäten unbewusst ablaufen, ist kein Beweis dafür, dass es keine Struktur in ihrem Leben gibt. Menschen haben einfach einen unterschiedlichen Grad an Bewusstheit in ihrem Leben.

Je bewusster jemand ist, desto besser kann er sich selbst oder anderen Auskunft über sein Leben geben. Viele Menschen können Ihnen aber nicht einmal sagen, was für ein Wetter gestern war. Umso weniger können sie Ihnen Fragen über ihre Motivation beantworten.

Was motiviert Sie?

Wie wir gesehen haben, motiviert das, was Spaß macht. Die Frage, was Sie motiviert, könnte daher auch lauten: Was macht Ihnen Spaß?

Was Menschen mögen, ist individuell verschieden. Jeder hat andere Bedürfnisse und Vorlieben. Was Ihnen Spaß macht, müssen Sie daher selbst herausfinden. Sie können mithilfe der Übungen im Abschnitt »Wie man eigene Ziele findet« Ziele finden, die Ihnen Spaß machen und die Sie motivieren. Wundern Sie sich nicht, wenn sich Ihre Bedürfnisse im Laufe der Zeit ändern. Was Sie einmal mochten, kann seinen Reiz verlieren. Umgekehrt können Dinge, gegen die Sie eine Abneigung hatten oder die Ihnen gleichgültig waren, Sie plötzlich ansprechen.

Anreize schaffen

Ziel vieler Raucher ist das Nichtrauchen. Sie würden gerne aufhören und haben es auch schon mehrere Male versucht. Nichtrauchen verspricht aber keinen Lustgewinn. Wenn man nicht mehr raucht, was hat man dann? Auf diese Frage muss jeder Raucher seine eigene Antwort finden. Sobald jemand für sich die richtigen Anreize gefunden hat, nicht mehr zu rauchen, ist es ein Kinderspiel, aufzuhören. Normalerweise denken Raucher aber genau das Gegenteil: was sie alles verlieren, wenn sie aufhören. Sie sehen den Verlust anstatt den Gewinn. Auf diese Weise schaffen sie es nicht, oder sie werden unglückliche Nichtraucher.

Ein reizvolles Ziel unserer Gesellschaft könnte es sein, die Verkehrsprobleme zu lösen. Autostaus und Smog machen niemandem Spaß. Tausende von Toten und Hunderttausende Verletzte im Straßenverkehr findet niemand gut. Trotzdem fällt der Verzicht auf das Auto schwer. Anders könnte es sein, wenn die Alternativen zum Privat-Pkw moderner, bequemer und attraktiver wären. Wer könnte da widerstehen? Autofahrer sähen plötzlich wie Ewiggestrige aus.

Schauen Sie nicht auf das, was Sie verlieren, sondern auf das, was Sie gewinnen können. Sie haben die Wahl. Wenn Sie sich auf die Verluste konzentrieren, machen Sie sich unglücklich. Wenn Sie Ihr Augenmerk dagegen auf die Gewinne richten, finden Sie genügend Motivation zu erreichen, was immer Sie möchten.

Halten Sie sich vor Augen, was Sie gewinnen können.

83

Zwang oder die Unfähigkeit, sich und andere positiv zu motivieren

Man muss niemanden antreiben, etwas zu tun, was ihm Spaß macht. Zwang wird immer da angewendet, wo Menschen keine Lust haben, etwas zu tun. Eine Gesellschaft, in der viel Zwang ausgeübt wird, ist daher immer auch eine Gesellschaft, in der die einzelnen Menschen wenig Spaß erfahren und überwiegend unglücklich sind. Dabei kommt es nicht darauf an, ob die Leute so tun, als ob sie »gut drauf« sind, sondern ob sie es wirklich sind. Es ist auch egal, ob jemand selber Druck auf sich ausübt oder ob andere es tun. Zwang ist immer ein Zeichen dafür, dass Menschen unfähig sind, sich selbst oder andere positiv zu motivieren.

Freude und Begeisterung

Wenn Sie sich auf Ihr Ziel nicht freuen, ist das ein Alarmsignal. Vermutlich handeln Sie gegen Ihre ureigensten Bedürfnisse und folgen – wieder einmal – den Interessen anderer. Wenn Sie sich zwar auf Ihr Ziel freuen, aber den Weg dahin mühsam und anstrengend finden, machen Sie irgendetwas falsch. Jedenfalls ist es nicht die Methode, die hier gemeint ist. Ich glaube nicht, dass jemand auf Dauer ohne Freude weiterkommt. Warum um Himmels willen sollte man etwas auf eine Weise tun, die einem keinen Spaß macht, und etwas anstreben, auf das man sich nicht freut?

Freude kann man aus jedem kleinen Fortschritt beziehen. Anstatt jedes Mal zu sagen: »Immer noch nicht am Ziel«, kann man zufrieden feststellen: »Schon wieder einen Schritt weiter.« Im ersten Fall programmiert man sich auf Stress und Mühe, im zweiten erlebt man ein Kontinuum an Freude. Wenn

Sie also Spaß haben und sich Ihres Lebens freuen, sind Sie auf dem richtigen Weg. Wenn nicht, überdenken Sie Ihre Ziele und die Art und Weise, wie Sie sie anstreben.

Erfolg motiviert

Es ist ein großes Vergnügen, sich Tagesziele zu setzen und diese zu erreichen. Setzen Sie sich aber lieber wenige kleine Ziele. Dann haben Sie die Chance, mehr zu schaffen, als Sie sich vorgenommen haben. Vielleicht schaffen Sie vier oder fünf Aufgaben. Wenn Sie sich jedoch 20 vorgenommen und »nur« fünf geschafft haben, sind Sie vermutlich frustriert. Sofern Sie öfter so vorgehen, vermitteln Sie sich das Gefühl, unzulänglich zu sein. Falls Sie sich dagegen drei Sachen vornehmen und fünf schaffen, können Sie stolz auf sich sein. Ihre Erwartungen bestimmen Ihr Erleben.

Erfolg motiviert, weil es Spaß macht, sich etwas vorzunehmen und dies tatsächlich auch zu erreichen. Man bekommt das angenehme Gefühl, in einer manchmal chaotisch erscheinenden Welt Kontrolle zu besitzen und tun und lassen zu können, was man mag.

Da Erfolg motiviert, ist es sehr empfehlenswert, sich täglich Erfolgserlebnisse zu verschaffen. Das können Sie, indem Sie alles, wirklich alles, was Sie an einem Tag erreicht haben, als Erfolg ansehen. Viele Menschen betrachten die kleinen Dinge im Leben nicht als Erfolge und bringen sich damit um die Chance, sich täglich darüber zu freuen.

Ziehen Sie gelegentlich vor dem Einschlafen eine kleine Erfolgsbilanz. Sie werden erstaunt feststellen, wie erfolgreich Sie an nur einem Tag sind. Falls Sie sich aber jeden Abend überlegen, was wieder alles liegen geblieben ist, haben Sie ein wirksames Mittel gefunden, sich unglücklich zu machen. Sie haben die Wahl. Natürlich können Sie auch einfach einschlafen, ohne über den Tag nachzudenken, frei nach dem Motto: Sometimes I sit and think, and sometimes I just sit. Also: Manchmal sitze ich und denke, und manchmal sitze ich nur.

Finden Sie einen Weg, sich wohl zu fühlen

Motivation ist keine Konstante, sondern schwankt. Das ist völlig normal. Es gibt Zeiten, in denen Sie sich lustlos fühlen werden, und andere, in denen Sie in Hochstimmung sind und vor Energie sprühen. Auf Zeiten der Motivation folgen Phasen der Demotivation. Das kann daran liegen, dass Ihre Erwartungen enttäuscht wurden, es nicht so richtig weitergeht, Ihnen irgendjemand gesagt hat, dass Sie Ihr Ziel sowieso nicht erreichen werden, Sie überarbeitet und erschöpft sind. Ihr Ziel kann in solchen Zeiten vollkommen uninteressant wirken. Sie wissen plötzlich nicht mehr, weshalb Sie es sich überhaupt in den Kopf gesetzt haben. Sofern Sie Ihre Notizen hervorholen mit all den wunderbaren Träumen und Aussichten, tut sich in Ihnen gar nichts. Sie lesen es, aber es löst keine Freude in Ihnen aus. Was ist passiert? Sie sind in einer Phase der Demotivation. Ihre Grundstimmung ist, warum auch immer, schlecht.

Wie können Sie da wieder rauskommen? Die erste Antwort darauf ist, Sie müssen da nicht unbedingt rauskommen, um weiterzumachen. Machen Sie Ihre Aktivitäten nicht von Ihren wechselnden Gedanken und Stimmungen abhängig. Die richtige Einstellung besteht darin, ruhig und konzentriert die sorgfältig ausgearbeiteten Pläne umzusetzen und sich aufs Ziel zuzubewegen, egal, ob Sie verärgert, lustlos, nervös oder sonst etwas sind. Falls Sie meinen, Sie könnten in solchen Zeiten nicht arbeiten, beweisen Sie sich das Gegenteil. Sie

müssen nicht hundertprozentig in Form sein, um weiterzu-
kommen. Wenn Sie sich nur in guten Zeiten für Ihre Ziele einsetzen, also wenn Sie sich danach fühlen, ist das in der Regel
zu wenig. Wenn es Ihnen dagegen gelingt, auch an schlechten Tagen weiterzumachen, werden Sie eine besondere Belohnung erfahren. Die Umsetzung Ihrer Pläne wird so etwas wie
der rote Faden in Ihrem Leben. Sie schaffen sich ein Element
der Stabilität, das Ihnen zusätzlichen Halt und Kraft geben
kann.

Egal, was kommt, egal, was Sie denken und wie Sie sich
fühlen, Sie machen einfach weiter. Geben Sie dieser Strategie
eine Chance. Probieren Sie aus, wie sie bei Ihnen funktioniert.
Manchmal sagt man so etwas wie: »Ich kann da nicht hingehen.« Das entspricht aber nicht den Tatsachen. Wenn man
einen Fuß vor den anderen setzen kann, kann man da hingehen. Prüfen Sie ernsthaft, ob Sie nicht können oder ob Sie
nicht wollen; denn was man in solchen Momenten meint, ist
meistens: »Ich will da nicht hingehen.« Das ist aber etwas
völlig anderes. Wenn man schlechte Laune hat, kann man
trotzdem an seinen Zielen weiterarbeiten, und oft wird man
anschließend feststellen, dass die schlechte Laune verflogen
ist.

Es gibt aber noch eine andere Strategie: Finden Sie einen
Weg, sich wohl zu fühlen. Ruhen Sie sich eine Weile aus, wenn
Sie erschöpft sind. Erholen Sie sich. Machen Sie etwas Anre-
gendes, wenn Sie sich langweilen. Bewegen Sie sich, wenn Sie
zu lange gesessen und nachgedacht haben. Essen Sie etwas
Leckeres, falls Sie noch nichts Vernünftiges zwischen die
Zähne gekriegt haben. Fahren Sie ein paar Tage weg. Tun Sie
irgendetwas, das dazu führt, dass Sie sich wieder wohl fühlen.
Sobald Sie sich besser fühlen, strahlt Ihr Ziel in altem Glanz.
Die anfängliche Motivation ist wieder da.

Ihre Grundstimmung, die im Wesentlichen von der Befriedigung Ihrer Grundbedürfnisse abhängt, färbt Ihre Welt so

ein, wie Sie sich fühlen. Ist Ihre Stimmung grau, sieht die Welt für Sie grau aus. Auch Ihre Ziele wirken dann blass und farblos. Andererseits, wenn Sie sich gut fühlen, strahlt auch die Welt, alles ist hell und wunderbar. Ihre Träume leuchten in den kräftigsten Farben und Sie sind bereit, sie zu verwirklichen.

Probieren Sie beide Strategien aus. Es wird sich lohnen.

Sich wohl fühlen oder Ziele erreichen

Auf dem Weg zu Ihrem Ziel wird es also immer wieder Momente und Phasen geben, in denen Sie sich nicht wohl fühlen. Zum Beispiel fühlt man sich nicht unbedingt wohl, wenn man ein neues Verhalten ausprobiert. Alte Gewohnheiten sind einem lieb, auch wenn man einige davon lieber aufgeben möchte. Und auch wenn Sie mit Problemen konfrontiert sind, können Sie nicht erwarten, innerlich in Jubelschreie auszubrechen. Zielstrebigkeit steht manchmal im Gegensatz zum Wohlfühlen.

Falls Sie sich aber permanent angestrengt und unwohl fühlen, machen Sie irgendetwas falsch und folgen nicht dem hier vorgeschlagenen Konzept. Im Gegenteil, meine These lautet, dass Sie Ihren Traum niemals verwirklichen werden, wenn Sie zu wenig Spaß dabei haben. Zwar wollen uns einige einreden, dass jeder private und berufliche Erfolg auf Blut, Schweiß und Tränen aufgebaut ist. Aber das ist Unsinn. Es geht nicht darum, zu schuften, sich abzumühen und permanent anzustrengen.

Gehen Sie den mittleren Weg. Klammern Sie sich weder ans Wohlfühlen noch ans harte Arbeiten. Akzeptieren Sie, dass Sie sich nicht immer nur wohl fühlen können, sondern gelegentlich auch anstrengen müssen. Akzeptieren Sie genauso, dass

Sie nicht immer hart arbeiten müssen, sondern sich auch wohl fühlen dürfen. Es gibt in unserer Gesellschaft im Moment zu viele Menschen, die Arbeit und Leistung um ihrer selbst willen verherrlichen. Deshalb betone ich in diesem Buch den Spaß-Aspekt. Erzielen Sie ein Maximum an Erfolg mit einem Minimum an Aufwand. Lassen Sie sich nicht von denjenigen täuschen, die Ihnen erzählen wollen, dass alles immer völlig leicht und mühelos

Erzielen Sie ein Maximum an Erfolg mit einem Minimum an Aufwand.

gehen muss. Wir leben hier auf der Erde, das Paradies kommt später. Lassen Sie sich aber auch nicht von den anderen täuschen, die immer nur von Arbeit, Arbeit und Arbeit als Voraussetzung des Erfolgs reden. Selten bekommt man eine realistische Darstellung des Erfolgswegs. Die einen leugnen die Arbeit, die anderen den Spaß.

Manchmal ist es im Leben paradox: Man nähert sich seinem Ziel, fühlt sich aber bei der Arbeit schlecht. Oder die Arbeit geht einem leicht von der Hand und man fühlt sich wohl, aber man erzielt scheinbar keine Fortschritte. Sie können auf einfache Weise überprüfen, ob Ihr Gefühl und Ihre Fortschritte immer zusammenpassen. Bevor Sie an Ihrem Projekt arbeiten, geben Sie eine Einschätzung ab, wie Sie sich fühlen werden und ob Sie erwarten, voranzukommen. Benutzen Sie eine Skala von 0 bis 100. 0 steht für »Werde mich die ganze Zeit mies fühlen« bzw. »Erwarte überhaupt keinen Erfolg«. 100 steht für »Werde mich die ganze Zeit super fühlen« bzw. »Erwarte einen vollen Erfolg«. Nach der Arbeit schätzen Sie ein, wie Sie sich tatsächlich gefühlt haben und wie erfolgreich Sie waren. Dabei wird sich im Laufe der Zeit vermutlich zweierlei zeigen: 1. Sie haben sich besser/schlechter gefühlt und waren erfolgreicher/erfolgloser, als Sie dachten. 2. Sie waren manchmal erfolgreich, auch wenn Sie sich schlecht fühlten, und umgekehrt. Diese Ergebnisse können Sie darin bestärken, Ihr Handeln nicht von Ihren Gefühlen abhängig zu machen.

Die Vision wach halten

Im Verlaufe Ihres Projekts besteht immer die Gefahr, dass Sie Ihr Ziel aus den Augen verlieren. Sie arbeiten an irgendeinem Detail und empfinden Ihr Tun plötzlich als sinnlos. Das können Sie verhindern, indem Sie sich immer wieder vor Augen führen, wie das, was Sie im Moment tun, mit Ihrem großen Ziel zusammenhängt. So, als ob Sie ein großes Mosaik zusammensetzen. Der einzelne Stein scheint keine Bedeutung zu haben, wenn Sie ihn in der Hand halten. Aber wenn Sie ihn an der richtigen Stelle in das entstehende Mosaik setzen und einen Schritt zurücktreten, erkennen Sie das Gesamtbild.

Nehmen Sie sich immer wieder die Zeit, sich auszuruhen und sich Ihr Ziel auszumalen. Es ist wichtig, von Zeit zu Zeit innezuhalten und sich zu überlegen, wo man im Moment steht, wo man begonnen hat, was man schon geschafft hat und wie weit es noch zum Ziel ist. Dieses Innehalten ermöglicht Ihnen auch zu erkennen, ob Sie noch auf dem Weg sind oder Ihren Weg gegebenenfalls korrigieren müssen. Sie können auf diese Weise auch Umwege leichter erkennen. Wenn Sie innehalten, besteht die Chance, dass Ihnen plötzlich sogar ein besserer Weg als der ursprünglich geplante einfällt. Oder Sie erinnern sich in solchen Ruhephasen an etwas, was Sie auf dem Weg vergessen haben und jetzt noch nachholen können, ehe es zu spät ist.

Jeder ist motiviert, fragt sich nur: wofür?

Der Vorwurf, jemand sei faul, stimmt nicht. Die angeblich Faulen haben sehr wohl Interessen, nur nicht solche, die von den Eltern, Lehrern oder Arbeitgebern anerkannt sind. Falls Sie also zu den Menschen gehören, denen wiederholt der Vorwurf gemacht wurde, unmotiviert oder faul zu sein, brauchen Sie sich keine Sorgen zu machen. Überlegen Sie sich, wofür Sie sich interessieren, auch wenn es von den Menschen in Ihrer derzeitigen Umgebung nicht anerkannt wird. Finden Sie einen Weg, Ihre Interessen produktiv einzusetzen.

Der Psychotherapeut Lawrence LeShan schildert in seinem Buch *Diagnose Krebs. Wendepunkt und Neubeginn* einen jungen Krebspatienten in New York, der noch nie »ordentlich« gearbeitet hatte. Seine einzige Beschäftigung bestand darin, in einer Jugendgang herumzuhängen. Auf die Frage, was ihn am meisten interessiere, antwortete er, am liebsten mit ein paar Freunden zusammen zu sein und ab und zu etwas Aufregendes zu erleben. Zusammen mit LeShan überlegte er, welcher Beruf in so eine Struktur passe. Sie kamen schließlich auf den Beruf des Feuerwehrmanns, weil dabei die Interessen des jungen Mannes auf produktive Weise erfüllt werden konnten. Der junge Patient begann eine Ausbildung als Feuerwehrmann, kam damit prima zurecht und überwand auch seine Krebserkrankung.

Was hätten die meisten wohl einem jungen Mann geraten, der die schönste Zeit seines Lebens in einer Jugendbande erlebte, mit der er aufregende und gefährliche Situationen bestehen konnte und in der er die anderen als seine Brüder empfand? Seinem bisherigen Leben abzuschwören und sich zum Kfz-Mechaniker oder Bürokaufmann ausbilden zu lassen?

Dieser junge Mann interessierte sich für das Leben in einer Gruppe und die Herausforderung der Gruppe durch gefährliche Situationen. Das Geniale an LeShans Therapie war es, diese Motivation zu respektieren und in einen produktiven, gesellschaftlich anerkannten Zusammenhang zu stellen. Nehmen Sie sich dieses Beispiel für Ihr eigenes Leben als Vorbild. Finden Sie Ihre Interessen und Bedürfnisse heraus und nutzen Sie sie.

Finden Sie einen Weg, Ihre Interessen produktiv einzusetzen.

Übermotiviert

Wer meint, sein Ziel um jeden Preis erreichen zu müssen, ist übermotiviert. Er neigt dann dazu, sich ausschließlich mit seinem Ziel und den nächsten Schritten zu beschäftigen. Übermotivierte regen sich über jedes Hindernis maßlos auf und treten anderen gegenüber aggressiv auf. Spaß und Erholung schreiben sie klein.

Wer übermotiviert ist, verrennt sich leicht. Diese Schwierigkeiten entstehen, weil Übermotivierte der Ansicht sind, ihr Leben, mindestens aber ihr Glück, würde ausschließlich vom Erreichen ihres Ziels abhängen. Das ist aber ein Irrtum. Es gibt viele Möglichkeiten, glücklich zu sein. Das gesetzte Ziel ist immer nur eine von mehreren Alternativen. Wenn dieses Ziel nicht erreichbar ist, dann kommen auch noch andere in Frage.

Natürlich reden sich viele Menschen ein, sie könnten nur glücklich werden, wenn sich ein bestimmter Traum erfüllt. Alle melodramatischen Filme und Schlager nach dem Muster »Nur du allein kannst meine Liebe sein« unterstützen diesen irrationalen Standpunkt. Der Schlüssel zur Lösung dieses Problems heißt: loslassen. Es ist wichtig, das Ziel zumindest zeitweise loslassen zu können, um die anderen Dinge des Lebens wahrzunehmen, sich zu erholen und neue Kräfte zu sammeln.

Glück hängt nicht vom Erreichen eines ganz bestimmten Ziels ab.

Sehen Sie es einmal so: Wenn Sie nicht mit dem Auto nach Rom fahren können, dann nehmen Sie eben die Bahn, das Flugzeug oder Sie laufen. (Ja, tatsächlich, es gibt immer noch Leute, die laufen quer durch Europa.) Und wenn Ihnen Rom völlig versperrt ist, reisen Sie eben nach Paris. Genauso ist es bei einer verflossenen Liebe. Wenn es mit Barbara oder Robert vorbei ist, dann gibt es auch noch Deborah und Jessica oder Michael und Matthias. Je mehr sich jemand an etwas klammert, desto größer ist das Leiden, dieses Ziel vorübergehend oder auf Dauer zu verlieren. Loslassen ist das einzige Heilmittel.

Üben Sie sich jeden Tag darin, loszulassen. Wenn es im Supermarkt Ihr Toastbrot nicht gibt, nehmen Sie Brötchen. Wenn Ihre Zeitung ausverkauft ist, kaufen Sie einmal eine andere. Sie werden staunen, wie leicht und angenehm Ihr Leben auf diese Weise wird. Am Anfang wird Ihnen der Wechsel, besonders der erzwungene, missfallen, aber mit der Zeit erlangen Sie eine Flexibilität und Kreativität, die Ihre Erfolgsaussichten nicht schmälert, sondern erhöht.

Lassen Sie mich das Thema Motivation kurz zusammenfassen. Spaß ist die Motivation Nr. 1. Wählen Sie Ziele, auf die Sie sich freuen. Achten Sie bei der Realisierung Ihrer Pläne darauf, dass Sie sich wohl fühlen. Das ist die beste Garantie dafür, dass Sie Ihre Ziele erreichen werden.

Machen Sie einen Plan

Einen Aktionsplan aufstellen

Ihr Ziel ist der Orientierungspunkt für Ihr weiteres Vorgehen. Pläne sind nur insoweit interessant, als Sie Ihnen helfen, Ihr Ziel zu erreichen. Nehmen wir an, Sie finden Ihr Ziel wunderbar und träumen davon, wie schön es wäre, am Ziel zu sein. Sie rühren aber keinen Finger, um sich Ihrem Ziel zu nähern. Sie sind der Meinung, das Universum arbeite für Sie und Sie bräuchten lediglich hoffnungsfroh auf die Erfüllung Ihrer Wünsche zu warten.

Es tut mir Leid, Ihnen sagen zu müssen, dass es so nicht funktioniert, auch wenn ein paar Esoteriker immer wieder behaupten, dass das bloße Wünschen ausreiche. Es stimmt zwar, dass das Universum es gut mit Ihnen meint, aber es nimmt Ihnen nicht die Arbeit ab. Es ist bereit, Sie zu unterstützen, wenn Sie Ihren Teil übernehmen. Der Rest ist Kinderglaube. Wer erinnert sich nicht gerne an die Zeiten, als man gegenüber den Eltern oder anderen Erwachsenen nur seine Wünsche zu äußern oder einen Wunschzettel an den Weihnachtsmann zu schreiben brauchte, und pünktlich zum Geburtstag bzw. zu Weihnachten traf die Bestellung ein. Freunden Sie sich mit dem Gedanken an, dass diese Zeit vorbei ist. Sie sind jetzt nicht nur abgenabelt, sondern auch erwachsen.

Das Wort »Aktionsplan« soll Sie daran erinnern, dass Sie selbst etwas für Ihr Ziel tun müssen. Nicht Ihre Eltern, nicht

Entwerfen Sie einen Aktionsplan.

Ihre Kinder, nicht Ihre Freunde, auch nicht Ihre Nachbarn, sondern Sie selbst. Ihre eigenen Aktionen bringen Sie ans Ziel. Ist das nicht wunderbar? Sie selbst haben es in der Hand. Sie brauchen nicht länger zu warten. Sie sind nicht auf die Hilfe irgendeiner bestimmten Person angewiesen. Sie selbst erfüllen sich Ihre Wünsche.

Die gute Nachricht lautet: Sie können es selbst tun. Die schlechte Nachricht heißt: Sie müssen es selbst tun. Die gute Nachricht ist mit der schlechten identisch. Es kommt nur auf den Blickwinkel an. Wenn Sie meinen, die Aufgabe nicht selbst lösen zu können, finden Sie in diesem Kapitel alles, was Sie brauchen, um zu erkennen, dass Sie es aus eigener Kraft schaffen können. Im Kapitel »Motivieren Sie sich« finden Sie Möglichkeiten, sich die Reise angenehm zu machen. Und wenn Sie auf Hindernisse stoßen, enthält das Kapitel »Überwinden Sie alle Hindernisse« einen Erste-Hilfe-Leitfaden, der Sie in die Lage versetzt, weiterzumachen.

Die Frage ist: Wie macht man einen Aktionsplan? Indem man überlegt, wie man von A nach B kommt. Punkt A stellt den Ist-Zustand dar, die Situation, wie sie jetzt ist. Punkt B ist Ihr Ziel, die Situation, wie Sie nach Ihrer Vorstellung sein soll.

Normalerweise gibt es mehrere Möglichkeiten, wie Sie von A nach B kommen. Sie können folgende Hinweise berücksichtigen:

1. Nehmen Sie den einfachsten und direktesten Weg.
Manchmal machen wir es uns schwerer als nötig. Es kommt aber nicht auf die Anstrengung und Mühe an, sondern auf das Ergebnis. Wenn man zum Beispiel Informationen einholen will, kann man zu jedem, den man fragen will, persönlich hingehen. Das kann Vorteile haben. Im Allgemeinen reicht es

aber, wenn man die entsprechenden Leute anruft. Dieser Weg ist bedeutend einfacher und schneller.

Ein anderes Beispiel: Manche Leute haben die Angewohnheit, sehr aufwendig zu kochen, wenn sie Gäste einladen. Es hat den Anschein, als wollten sie Meisterköche übertreffen. Sie bereiten nach einem dicken, reich ausgestatteten Kochbuch eine Suppe, einen Salat, ein Hauptgericht und zwei Desserts zu, vielleicht noch eine Käseplatte. Einfacher ist es, etwas zu kochen, was man häufig für sich selber macht. Das beherrscht man und es schmeckt, sonst würde man es ja – hoffentlich – nicht so oft selber essen. Dazu Mineralwasser und einen guten Wein. Das reicht. Dann hat man die Kraft, sich beim Essen zu unterhalten und den Abend ausgeruht zu genießen. Eine andere Möglichkeit wäre es, einen Profikoch zu bestellen. Das kostet natürlich einiges, aber es ist zweifellos einfach.

2. Nehmen Sie den Weg, der Ihnen am meisten Spaß macht.
Mag sein, dass es mehrere Wege gibt. Aber der Weg, der Ihnen am meisten Spaß macht, ist wahrscheinlich der einzige, den Sie auf Dauer tatsächlich gehen werden. Bei allen anderen Wegen besteht die Gefahr, dass Sie Ihr Projekt irgendwann aufgeben. Deshalb ist der Spaß-Weg letztlich der effektivste.

3. Nehmen Sie den Weg, der Ihnen im Moment einfällt.
Manchmal sieht man nur eine einzige Möglichkeit, zum Ziel zu kommen. Dann ist es besser, diesen Weg zu nehmen, als gar nichts zu tun. Man ahnt vielleicht, dass es noch andere Wege gibt, die bequemer und effektiver sind. Aber das hilft einem nicht weiter. Falls man unterwegs tatsächlich noch einen besseren Weg entdeckt, kann man die Gelegenheit ergreifen und auf dem neuen Weg weitergehen. Es lohnt sich, immer die Augen offen zu halten. Im Laufe der Zeit ergeben sich Optimierungsmöglichkeiten.

4. Beachten Sie Ihren Ausgangspunkt und das Ziel.
Der Weg hängt stets vom Ausgangspunkt ab. Deshalb ergeben sich für verschiedene Menschen verschiedene Wege. Wenn zwei Leute fließend Englisch lernen wollen, kommt es auf ihre Vorkenntnisse an. Die Vorkenntnisse bilden den Ausgangspunkt. Ohne Vorkenntnisse ist der Weg ein anderer, als wenn jemand bereits in der Schule mehrere Jahre Englisch gelernt hat.

Der Ausgangspunkt verschiebt sich mit dem Fortschreiten des Projekts. Sie starten jeden Tag neu. Deshalb ergeben sich unter Umständen täglich neue Wege. Aus diesem Grund ist es empfehlenswert, den ursprünglichen Plan von Zeit zu Zeit zu überdenken. Es geht immer um das Ziel. Klammern Sie sich nicht an bestimmte Strategien. Sie sind nur Mittel zum Zweck.

Im Aktionsplan legen Sie vorläufig fest, was Sie tun wollen, um Ihr Ziel zu erreichen. Mein Aktionsplan für dieses Buch sieht u.a. vor:
- Stichworte sammeln
- ein Inhaltsverzeichnis anlegen
- 5 Tage pro Woche mindestens 1 Seite schreiben
- die Rohfassung überarbeiten
- einen Verlag finden, der das Buch veröffentlicht.

Einen Zeitplan machen

Nachdem Sie überlegt haben, was Sie tun müssen, um Ihr Ziel zu erreichen, gehen Sie einen Schritt weiter. Was wollen Sie wann tun? Solange Sie Ihre geplanten Aktivitäten nicht mit genauen Terminen verbinden, bleibt der ganze Plan unverbindlich. Irgendwann werden Sie sich wundern, warum Ihr Ziel immer noch in weiter Ferne ist. Aber wie sollte es anders sein? Keine Aktivität geschieht von selbst. Sie müssen daher auch planen, was Sie wann und wie lange tun wollen. Merken Sie sich als Faustformel: Was – wann – wo?

Nehmen wir an, Sie haben sich vorgenommen, etwas für Ihre Fitness zu tun. Nach einigen Überlegungen ist Ihre Wahl auf eine Gymnastik gefallen, die Sie sich aus einer Zeitschrift ausgeschnitten haben. Nun kommt die entscheidende Frage: Wann wollen Sie diese Gymnastik machen? Gleich nach dem Aufstehen oder nach dem Duschen oder um 18.00 Uhr vor dem Abendessen? Und wo wollen Sie die Übungen durchführen? Erst wenn Sie Ihrer Aktivität eine Zeit und einen festen Platz zuordnen, ist die Durchführung

Verankern Sie Ihre Ziele und Pläne zeitlich und räumlich in Ihrem Leben.

realistisch. Zeitpunkt und Ort sind – wie bei einer Verabredung – das Wichtigste. Gehen Sie Ihren Plan mehrmals in Gedanken durch. Tun Sie das so lange, bis Sie sich vorstellen können, ihn in die Tat umzusetzen.

Was tun, wenn Sie Zeitpläne hassen?

Möglicherweise gehören Sie zu den Menschen, die Zeitpläne nur aus Zusammenhängen kennen, die Sie nicht mögen. Stundenpläne in der Schule, Terminkalender im Beruf, Termine bei Behörden, Ärzten usw. Dann sind Termine für Sie eher mit unangenehmen Erfahrungen verbunden. Und nun sollen Sie sich selber Termine setzen? So möchten Sie nicht mit sich umgehen. Es reicht, wenn Ihnen Eltern, Lehrer und Vorgesetzte vorschreiben oder vorgeschrieben haben, wann Sie was zu tun haben.

Aber sehen Sie Termine mal in einem anderen Kontext.

Wenn Sie sich einen bestimmten Film anschauen wollen oder Ihren Freund oder Ihre Freundin treffen wollen, dann sind auch diese Vorhaben mit Terminen verbunden. Genauso ist es, wenn Sie anfangen, sich in Ihrem Leben eigene Ziele zu setzen. Sie brauchen dafür eine bestimmte Zeitstruktur. Nur wenn Ihre Ziele und Pläne zeitlich und räumlich in Ihrem Leben verankert sind, können Ihre Träume wahr werden. Für Träume ist es leider typisch, dass sie irgendwo in den Wolken schweben und von Raum und Zeit losgelöst sind. Träume sind vage und unbestimmt. Träume, die wahr werden sollen, sind dagegen realitätsbezogen und daher in einer bestimmten Zeit und in konkreten Räumen angesiedelt.

Um es sich leichter zu machen, mit selbst bestimmten Zeitplänen zu leben, können Sie gelegentlich Ihre Termine verschieben oder ausfallen lassen, damit Sie merken, dass Sie die Termine und nicht Ihre Termine Sie bestimmen. Sie haben die freie Wahl, Ihre Termine einzuhalten oder nicht. Keiner zwingt Sie, niemand bestraft Sie. Nur wenn Sie überhaupt keine Zeitpläne machen oder alle Termine platzen lassen, bleiben Ihre Träume Schäume.

Natürlich können Sie auch damit experimentieren, Ihre Pläne spontan umzusetzen. Sie können sich vornehmen, Ihre Gymnastik irgendwann während des Tages einzuschieben. Wenn das klappt, warum nicht? Aber ich wette, Sie werden Ihre Gymnastik öfter vergessen, als Ihnen lieb ist.

Tagesziele bestimmen

»Was kann ich heute tun, um mein Ziel zu erreichen?« Diese Frage sollten Sie sich täglich stellen. Denn Ihre Ziele bleiben unerreichbar, wenn Sie es versäumen, heute etwas zu tun. Natürlich müssen Sie nicht jeden Tag an Ihrem Ziel arbeiten. Aber je öfter Sie aussetzen, desto länger werden Sie brauchen.

Ziele lassen sich nur im Hier und Jetzt verwirklichen. Was gestern war, ist vergangen. Was morgen sein wird, ist Fantasie. Aber heute können Sie etwas tun. Setzen Sie sich deshalb Tagesziele. Wenn Sie jeden Tag einen Kilometer gehen, haben Sie nach einem Jahr 365 Kilometer zurückgelegt. Das ist mehr, als wenn Sie zweimal im Monat zehn Kilometer gehen. Dabei kommen Sie nur auf 240 Kilometer. Obwohl Sie vielleicht ein besseres Gefühl haben, wenn Sie gleich 10 Kilometer gehen, erreichen Sie letzlich weniger als bei der stetigen Methode. Machen Sie sich die Kraft sanfter stetiger Methoden zunutze. Das Sprichwort »Steter Tropfen höhlt den Stein« weist auf dieses Prinzip hin.

Nur im Hier und Jetzt lassen sich Ziele verwirklichen.

Außerdem verschaffen Sie sich durch Tagesziele kontinuierliche Erfolgserlebnisse. Diese mögen nicht so intensiv sein wie bei großen Kraftanstrengungen. Aber achten Sie auf die Summe Ihrer Aktionen und Sie werden staunen.

Einen Tagesplan machen

»Wie viel Zeit brauche ich dafür? Wann fange ich an? Wann mache ich eine Pause?« Diese Fragen können Ihnen helfen, Ihren täglichen Aktionsplan umzusetzen. Falls Sie meinen, heute keine Zeit zu haben, müssen Sie sich welche nehmen. Zeit hat man nicht, man nimmt sie sich. Verschieben Sie nicht Ihre Ziele, sondern irgendetwas anderes. Seien Sie rigoros. Denken Sie einmal an Zeiten, als Sie krank waren und im Bett liegen mussten. Termine platzten und trotzdem ging Ihr Leben weiter. Erinnern Sie sich an diese Erfahrungen und nutzen Sie sie positiv, indem Sie sich die Zeit nehmen, die Sie für

Ihre Lebensziele brauchen. Erlauben Sie sich, zu den vielen überflüssigen Aufgaben nein zu sagen. Dieses Nein ist ein Ja zu Ihren Wünschen.

Die Einzelheiten Ihrer Pläne genau bestimmen

Sie müssen Ihre Träume konkretisieren. Es reicht nicht zu sagen, dass Sie glücklich sein möchten. Was bedeutet Glücklichsein für Sie? Was brauchen Sie für Ihr Glück? Wann sind Sie glücklich? Wo möchten Sie glücklich sein? Mit wem möchten Sie glücklich sein? Was können Sie tun, um glücklich zu sein? Sie brauchen ganz konkrete Ziele und Pläne.

Sie wollen Filmstar werden? Wie viele Filme wollen Sie pro Jahr drehen? Was für Filme? Wie viel wollen Sie verdienen? Mit wem wollen Sie Kontakt aufnehmen? Wollen Sie eine Schauspielschule besuchen? Welche? Wie lange? Wie finanzieren Sie die Ausbildung? Wann möchten Sie Ihren ersten Film machen? Wie lange soll Ihre Karriere dauern? Fünf Jahre? 50 Jahre? In welchem Land wollen Sie Filmstar werden?

Je nachdem, wie Sie sich entscheiden, müssen Sie Ihre Strategien wählen. Überlegen Sie sich alles ganz genau. Lassen Sie nichts offen. Sie können Ihre Pläne jederzeit ändern, falls Sie es sich anders überlegen. Planen Sie die Details so lange, bis Sie ein gutes Gefühl haben. Sie müssen an den Punkt kommen, wo Sie zu Ihrem Ziel und Ihrem Plan sagen können: »Ja, das ist es.«

Wie Sie sich das nötige Know-how besorgen

Zuerst ermitteln Sie, wo Sie im Moment stehen (A) und wo Sie hinwollen (B). Nun gibt es zwei Möglichkeiten. Entweder Sie kennen den Weg von A nach B oder Sie kennen ihn nicht. Falls Sie den Weg kennen, können Sie die einzelnen Etappen planen. Sie überlegen, was Sie wann unternehmen werden, um ans Ziel zu kommen. Wenn Sie den Weg noch nicht kennen, müssen Sie ihn herausfinden. Dafür gibt es folgende Möglichkeiten:

Ausprobieren

Sie experimentieren und finden den Weg durch Versuch und Irrtum heraus. Sie vermuten: »Weg A könnte zum Ziel führen.« Sie gehen los und stellen fest, dass es so nicht geht. Daraufhin testen Sie Weg B und C. Wieder nichts. Aber Weg D bringt Sie schließlich ans Ziel.

Schriftliche Anleitungen

Sie besorgen sich eine »Landkarte«. In fast allen Bereichen gibt es Menschen, die dasselbe Ziel hatten wie Sie und die sich in einer ähnlichen Ausgangslage befanden. Nachdem diese Pionierinnen und Pioniere einen Weg gefunden und ihr Ziel erreicht haben, haben sie Bücher über ihre Abenteuer geschrieben und Landkarten gezeichnet. Wenn Sie diese Bücher und Landkarten lesen und sich an die beschriebenen Wege halten, können Sie es ebenso schaffen. Das Lesen allein bringt sie aber nicht ans Ziel. Sie müssen den Weg tatsächlich gehen.

Mündliche Anleitungen

Dritte Möglichkeit: Sie fragen Leute persönlich, die es schon geschafft haben. Nicht immer gibt es schriftliches Material, oder es reicht nicht aus. Dann können Sie Menschen finden, die Ihnen persönlich etwas über den Weg erzählen.

Sie können Ihre Freundinnen und Freunde fragen, überhaupt alle Menschen, die Sie kennen. Wenn die nicht wissen, wie es geht, fragen Sie sie, ob sie jemanden kennen, der es vielleicht weiß. Sie können darüber hinaus Kleinanzeigen aufgeben, im Branchenbuch nach geeigneten Personen fahnden, Buchhändlerinnen und Bibliothekare nach Informationen fragen, im Internet suchen, zu Kongressen und Messen fahren, Selbsthilfegruppen und Vereine fragen, Fachzeitschriften und Bücher nach Adressen durchstöbern, die jeweiligen Autoren fragen und so weiter.

Nehmen Sie jeden dieser Hinweise ernst. Lesen Sie nicht einfach darüber hinweg. Haben Sie schon alle Leute gefragt, die Sie kennen? Haben Sie schon in den Gelben Seiten nachgesehen und die entsprechenden Fachleute um Antworten auf Ihre Fragen gebeten? Waren Sie schon in Ihrer Stadtbücherei oder in der Universitätsbibliothek und haben Sie sich die einschlägige Literatur zeigen lassen? Falls Sie sich nicht trauen, sich zu Ihren Zielen zu bekennen und all diese wildfremden Menschen zu fragen und um Unterstützung zu bitten, schauen Sie sich das Kapitel »Überwinden Sie alle Hindernisse« in diesem Buch an und suchen Sie sich die Abschnitte heraus, die Sie brauchen, zum Beispiel »Ängste überwinden« und »Selbstbehauptung«.

Falls Sie schriftliche oder mündliche Quellen benutzen, müssen Sie darauf achten, dass Ihre Ziele und Ausgangspunkte mit denen der anderen auch wirklich übereinstimmen. Vielleicht fehlen Ihnen Hilfsmittel, die den anderen zur Verfügung standen. Sie müssen also jemand finden, der oder die wirklich in einer ähnlichen Situation war wie Sie.

Außerdem ist es wichtig, dass Ihnen die vorgeschlagenen Wege der anderen gefallen. In einer Straßenkarte sehen Sie sofort, dass es mehrere Wege zum Ziel gibt. Sie können die breiten Hauptstraßen nehmen oder die kleinen, oft schöneren Nebenstraßen. Zur Auswahl stehen kurze direkte Wege oder auch Umwege, wenn dies sinnvoll ist. Sie sind nicht gezwungen, einem einzigen Weg zu folgen.

In Anleitungsbüchern entsteht aber häufig der Eindruck, als gebe es nur einen einzigen Weg. Denken Sie an die vielen Bücher über die ultimative Ernährung und die neueste Ideal-Diät. Oder die unzähligen Bücher über Super-Fitness und vollkommene Gesundheit. Jeder behauptet, die einzig richtige Methode zu haben. Es ist also nicht einfach, das Passende zu finden. Trotzdem können Sie durch beharrliches Fragen und Ausprobieren die Informationen erhalten, die Sie brauchen.

Nicht überplanen

Pläne helfen einem, das Ziel zu erreichen. Sie sind aber nicht das Ziel. Deshalb sollte man sich nicht zu lange mit dem Planen beschäftigen, sondern so bald wie möglich anfangen. Pläne müssen unterwegs sowieso ständig durchgesehen und verändert werden, weil die Wirklichkeit Anpassungen, also neue **Klammern Sie sich nicht an Pläne.** Pläne, verlangt. Klammern sie sich nicht an Pläne. Nur an Ihren Zielen sollten Sie festhalten. Pläne können Sie leichten Herzens ändern oder aufgeben.

Kurioserweise scheinen die Mittel manchmal wichtiger zu werden als das Ziel. Lange Zeit gab es beispielsweise zwischen den Gründern der verschiedenen Psychotherapieschulen erbitterte Glaubenskämpfe, an denen sich natürlich auch deren Anhänger beteiligten. Erst in jüngster Zeit setzt sich langsam die Erkenntnis durch, dass die Methode unwichtig ist, solange das Ziel, also die Gesundung des Patienten, erreicht wird. Anstatt Anekdoten und legendäre Therapiegeschichten zu erzählen, erscheint es allmählich wichtiger zu prüfen, ob die jeweilige Psychotherapie zum Ziel führt oder nicht.

Dasselbe Phänomen gibt es auch in der Medizin. Schulmedizin und alternative Heilmethoden ringen um die Patienten, aber nicht immer um die Wahrheit. Dabei ist es eigentlich einfach: Wer heilt, hat Recht. Es mag intellektuell unbefriedigend sein, Heilerfolge nicht erklären zu können, aber die Erklärungen sind im Vergleich zu den tatsächlichen Erfolgen und Misserfolgen nebensächlich. Was nützt die schönste Theorie, wenn sie nicht funktioniert?

Ideologien scheinen auch in der Politik wichtiger zu sein als die Auswirkungen auf die Menschen. Der im 20. Jahrhundert gescheiterte real existierende Sozialismus hat die anfänglichen Hoffnungen nicht erfüllt. Auch die real existierende Marktwirtschaft sieht auf dem Papier besser aus als in der Wirklichkeit. Milliardensubventionen stützen ganze Industriezweige, die angeblich am Markt so erfolgreich sind. Eine ordentliche Formulierung der Ziele und eine nüchterne Überprüfung der Resultate würden auch auf diesem Gebiet zu entscheidenden Fortschritten führen.

Die wichtigste Frage ist also immer: Erreicht man mit den eingesetzten Mitteln die Ziele? Führen die Pläne zu den gewünschten Resultaten?

Machen Sie nicht dieselben Fehler wie die anderen. Setzen Sie sich stattdessen klar definierte Ziele, machen Sie Pläne und überprüfen Sie dann, ob Ihr Handeln Sie Ihrem Ziel näher bringt oder nicht. Achten Sie wieder auf den goldenen Mittelweg. Planen Sie nicht zu wenig und nicht zu viel. Zu wenig planen, das hieße sich Hals über Kopf in die Arbeit zu stürzen. Leider machen viele Praktiker diesen Fehler. Zu viel planen, das hieße die ganze Zeit zu überlegen, wie man es am besten machen könnte, aber nicht zu handeln. Dann bleibt man Theoretiker. Erst Theorie und Praxis zusammen führen zum Ziel.

Aufs Wesentliche konzentrieren

Sie können sich aufs Wesentliche konzentrieren, indem Sie fragen: »Worauf kommt es an?« Diese Frage richten Sie zunächst auf Ihr Ziel. Worauf kommt es Ihnen an? So erkennen Sie Ihre wichtigsten Zielvorstellungen und können gewiss sein, dass Sie bekommen, was Sie wirklich wollen.

Wenn Sie eine halbe Stunde schwimmen möchten, ist das Wichtigste das Schwimmen selbst. Es kommt nicht auf Ihre Badekleidung an oder darauf, welchen Weg Sie zum Schwimmbad nehmen oder ob Ihre Freundin mitkommt. Das sind im Vergleich zu Ihrem Ziel Nebensächlichkeiten.

Wir neigen aber alle dazu, uns mit Nebensächlichkeiten aufzuhalten und diese im Laufe des Projekts zur Hauptsache zu machen. Plötzlich überlegt man, ob die Badehose vom vorigen Jahr noch gut genug ist, ob man erst mal neues Badezeug kaufen sollte oder ob man auf dem Weg zum Schwimmbad noch Freunde besuchen will. Beim Nachdenken über diese Fragen verliert man mehr und mehr das Ziel aus den Augen.

Fragen Sie sich deshalb immer, worauf es bei Ihren Aktivitäten ankommt. Was dürfen Sie auf keinen Fall versäumen? Was ist das Wesentliche an Ihrem Plan?

Nehmen wir noch einmal das Beispiel des Apfelkaufs. Um die gewünschten Äpfel essen zu können, ist es selbstverständlich wichtig,

- aufzustehen
- sich Schuhe anzuziehen
- Geld einzustecken
- ins Auto (oder aufs Fahrrad) zu steigen
- in die Einkaufsgegend zu fahren
- die Verkehrsregeln auf dem Weg einzuhalten
- einen Parkplatz zu finden
- zum Obstladen zu gehen usw.

Aber all dies sind Selbstverständlichkeiten. Beim Apfelkauf kommt es letztlich nur darauf an, dass Sie
- dem Obsthändler sagen, was Sie wollen
- ihm das Geld geben und
- die Äpfel entgegennehmen.

Das ist alles. Es ist im Grunde egal, ob Sie Schuhe anhaben oder nicht. Sie machen sich die Füße dreckig und die Leute gucken ein bisschen kariert, falls Sie keine anziehen. Aber Ihre Äpfel kriegen Sie trotzdem. Also zerbrechen Sie sich nicht den Kopf, welche Schuhe Sie anziehen sollen, um ein Pfund Äpfel zu kaufen. Darauf kommt es nicht an. Konzentrieren Sie sich auf das Kaufen der Äpfel.

Gerade mit Nebensächlichkeiten (Was soll ich anziehen? Soll ich einen Schirm mitnehmen?) verplempern wir manchmal viel Zeit und Energie. Konzentrieren Sie sich schon beim Planen aufs Wesentliche.

Geht es einfacher?

Indem Sie sich häufiger fragen, ob es einfacher geht, können Sie sich Ihre Aufgaben leichter machen. Falls Sie in Berlin wohnen und nach Paris möchten, können Sie quer durch Osteuropa und Asien, über den Pazifik, durch die USA, über den Atlantik und die Iberische Halbinsel nach Paris gelangen. Eine lange Reise. Sie können aber auch über Köln und Brüssel fahren. Das ist schneller, billiger und einfacher.

Manche Menschen scheinen ein Talent zu haben, vieles in ihrem Leben sehr umständlich anzugehen. »Warum einfach, wenn es auch umständlich geht?«, lautet ihre Devise. Andere wiederum scheinen einfache und effektive Wege zu verachten. Die Umstände auf dieser Welt kommen ihnen entgegen:

Nichts ist so kompliziert, als dass man es nicht noch komplizierter machen könnte.

Die Befürchtung, das Leben könnte langweilig werden, wenn wir uns nicht alles extra schwer machen, ist unbegründet. Es gibt auch so schon für jeden von uns genug Schwierigkeiten.

Einige verwechseln »leicht« mit »unehrlich« oder »ungeeignet«. Aber der Weg von Berlin nach Paris über Asien und Nordamerika ist weder ehrlicher noch geeigneter. Er ist nur länger, teurer und schwerer. Falls Sie nicht gerade zu den Leuten gehören, für die der schwerere Weg auch der angenehmere ist, machen Sie es sich lieber so einfach und bequem wie möglich. Auch wenn Ihre Eltern, Lehrer und Vorgesetzten etwas anderes gesagt haben: Sie müssen sich nicht die ganze Zeit anstrengen. Es ist in Ordnung, Ziele auf spielerische und leichte Art und Weise zu erreichen.

Die Frage »Geht es leichter, einfacher?« bringt Sie auf die richtige Spur. Sobald Sie die Frage stellen, wird Ihnen in der Regel eine einfachere, leichtere Lösung einfallen.

Immer eine Alternative haben

Viele Wege führen nach Rom. Leider glauben wir oft, es gebe nur einen einzigen Weg. Wir fixieren uns so auf einen einzigen Plan, dass wir nicht mehr erkennen, dass es auch noch viele andere Möglichkeiten gibt, um ans Ziel zu kommen. Diese Engstirnigkeit hat einen gravierenden Nachteil. Falls unser Plan sich als undurchführbar herausstellt, glauben wir sofort, dass wir es nie schaffen werden. Dabei haben wir lediglich eine Option von mehreren verloren. Die anderen Möglichkeiten stehen uns weiter offen. Es kann sein, dass der Weg, der uns verbaut wurde, ausgerechnet unser vertrauter

Lieblingsweg war, und dass die anderen Wege uns fremd und gefährlich vorkommen. Aber das stimmt nicht. Die anderen Wege sind höchstens ungewohnt.

Machen Sie einmal folgendes Experiment: Falten Sie Ihre Hände. Jetzt ist entweder Ihr linker oder Ihr rechter Daumen oben. Nun falten Sie Ihre Hände anders, sodass der andere Daumen oben ist. Achten Sie darauf, wie sich dies anfühlt. Sie können mehrmals die Hände auf die verschiedenen Weisen falten. Die eine Art ist Ihnen vertraut und fühlt sich vermutlich gut an, die andere erscheint Ihnen fremd und irgendwie komisch. Das ist alles. Beides geht. Das Neue fühlt sich nur anders und ungewohnt an.

Sie können ein Spiel daraus machen. Überlegen sie sich ab und zu, ob das, was Sie tun, auch anders geht. Es gibt Leute, die fahren jahrelang auf demselben Weg zur Arbeit und wissen nicht, dass es noch andere, bessere Wege gibt.

Normalerweise reagieren wir verärgert, wenn jemand oder etwas uns unseren Weg versperrt. Wir befürchten, dass es keinen anderen Weg gibt. Manchmal sind wir auch wegen des Hindernisses entmutigt und fühlen uns hilflos. Diese Reaktionen, die uns nicht weiterhelfen, lassen sich vermeiden, wenn wir von vornherein einen Plan B bereithalten. Wir überlegen gleich zu Beginn, was wir tun werden, wenn Plan A uns nicht weiterbringt. Dann sind wir auf alle Eventualitäten vorbereitet und verlieren später keine Zeit. Wir bleiben auch angesichts von Hindernissen handlungsfähig.

In Krisensituationen fehlen uns oft die notwendige Distanz und die Gelassenheit, um die besten Alternativen zu finden. Wir sind dann auch geistig blockiert. Das Problem nimmt in unserem Denken zu viel Raum ein, sodass die möglichen Lösungen schwerer zu erkennen sind. Deshalb lohnt es sich, bei bedeutsamen Projekten gleich am Anfang einen Plan B, vielleicht sogar einen Plan C und D zu entwerfen. Das gibt unserem Handeln die erforderliche Sicherheit.

4 *Handeln Sie in kleinen Schritten*

Heute zählt

Heute ist der Tag, an dem Sie Ihr Ziel erreichen oder ihm doch ein Stück näher kommen können. Selbst wenn Sie einen Fehlschlag erleiden, sind Sie etwas weitergekommen, weil Sie wissen, welche von den vielen Möglichkeiten nichts bringt.

Sie können sich das so vorstellen: Unter einer von 16 umgedrehten Tassen liegt eine Goldmünze. Um sie zu finden, müssen Sie die Tassen aufdecken. Falls Sie Glück haben, finden Sie das Gold gleich unter der ersten Tasse. Wenn Sie Pech haben, erst unter der 16. und damit letzten. Aber was heißt Pech, wenn Sie es schließlich geschafft haben? Jeder Versuch, auch wenn er vergeblich ist, bringt Sie Ihrem Ziel näher. Denn jedes Mal wissen Sie zumindest: Aha, unter dieser Tasse ist die Goldmünze nicht. Bleiben noch 15, 14, 13 Möglichkeiten. Es wird immer wahrscheinlicher, dass es das nächste Mal klappt. In Wirklichkeit steht die Zahl der Versuche nicht fest. Vielleicht müssen Sie es dreimal versuchen, vielleicht aber auch 30-mal oder 300-mal.

Um eine plastische Vorstellung von den notwendigen Aktivitäten zu bekommen, können Sie wieder an die Metapher der

Reise oder des Weges denken. Kleine Ziele erreichen Sie in wenigen Schritten, größere Ziele verlangen 1000 Schritte, und die größten Ziele sind mit einem Marathonlauf vergleichbar. Jeder Schritt, den Sie heute machen, ist ein Beitrag, das Ziel Ihrer Reise zu erreichen. Lösen Sie sich von der Idee, alles müsste in einem Schritt erreichbar sein. Lernen Sie, die kleinen Schritte zu schätzen, und tun Sie jeden Tag ein bisschen.

Lernen Sie, die kleinen Schritte zu schätzen.

Der heutige Tag ist wichtig. Packen Sie eventuelle Probleme heute an. Sie gewinnen nichts, wenn Sie Ihre Aktivitäten auf morgen verschieben. Auch morgen ist wieder heute. Das Beispiel der Anonymen Alkoholiker kann in diesem Zusammenhang lehrreich sein. Sie nehmen sich stets vor, heute keinen Alkohol zu trinken. Die Anonymen Alkoholiker sagen nicht: Morgen höre ich auf. Sie hören heute auf, und morgen, wenn wieder heute ist, machen sie dasselbe. Das heißt, die Anonymen Alkoholiker müssen niemals ein für alle Mal aufhören. Sie trinken nur heute keinen Alkohol. Dasselbe Prinzip können Sie sich zu Eigen machen. Sie tun nur heute etwas für Ihr Ziel. Morgen treffen Sie eine neue, in der Regel dieselbe Entscheidung. Sie brauchen sich heute mit den folgenden Tagen nicht zu beschäftigen. Sie überlegen nur, was Sie heute tun können, um Ihr Ziel zu erreichen.

Irgendetwas für das Ziel tun

Durch die Beschäftigung mit dem Ziel, Ihrer Motivation und dem Plan haben Sie Schwung bekommen. Nutzen Sie diesen Schwung für einen ersten Schritt. Am Anfang ist nicht so wichtig, was und wie viel Sie tun. Hauptsache, Sie tun irgendetwas. Es kann irgendeine Kleinigkeit sein.

Ein alltägliches Beispiel: Sie hätten gerne eine aufgeräumte Wohnung. Leider war es nie Ihre Stärke aufzuräumen. Das geht vielen so. Viele Menschen möchten gerne ein bestimmtes Ergebnis haben – in diesem Fall eine aufgeräumte Wohnung –, aber sie möchten nichts dafür tun. Machen Sie irgendeine Kleinigkeit. Räumen Sie nicht die ganze Wohnung auf, sondern nur einen kleinen Teil, zum Beispiel den Küchentisch, ein Regalbrett oder ein Fach im Badezimmerschrank. Das reicht für den Anfang. Morgen können Sie wieder etwas tun. Falls auch ein Regalbrett noch zu viel ist, räumen Sie irgendeinen, einen einzigen Gegenstand weg.

Sollte Ihnen auch das noch zu viel erscheinen, räumen Sie einen kleinen Teil Ihrer Wohnung in Gedanken auf. Stellen Sie sich vor, wie Sie in die Küche gehen und ein paar Gegenstände an ihren Platz stellen. Sehen Sie in Gedanken den Tisch, wie er jetzt schon etwas aufgeräumter aussieht. Das reicht für heute.

Machen Sie diese Gedankenübung ein paar Tage lang. Gewöhnen Sie sich in Gedanken langsam daran, die Wohnung aufzuräumen. Zu einem Zeitpunkt, den Sie selbst bestimmen, tun Sie dann tatsächlich etwas. Falls Sie sich aber auf Dauer zu keinerlei Aktivität entschließen können, lassen Sie es. Akzeptieren Sie Ihre Wohnung so, wie sie ist.

Das Prinzip der subjektiven Unterforderung – Handeln ohne Stress

Beim Handeln kommt es auf Kontinuität und Ausdauer an. Deshalb rate ich Ihnen, regelmäßig etwas für Ihr Ziel zu tun. Je nachdem, was Sie vorhaben, kann das heißen, täglich, wöchentlich oder monatlich einen Teil Ihres Plans umzusetzen. Einige seltene heroische Anstrengungen, mit denen Sie vielleicht ein paar Freunde beeindrucken, sind weniger wert als tägliche unscheinbare Aktivitäten.

Sie werden bessere Ergebnisse erzielen und mehr Ausdauer haben, wenn Sie das Prinzip der subjektiven Unterforderung anwenden. Dieses Prinzip bedeutet, eine Pause zu machen, bevor Sie sich erschöpft fühlen. Ihr Körper sendet Ihnen die ganze Zeit leise Signale. Wenn Sie lernen, auf diese Signale zu hören und sie rechtzeitig zu beachten, können Sie länger Sport treiben, arbeiten und lernen. Die meisten Menschen in unserer Gesellschaft sind es allerdings gewöhnt, so lange zu arbeiten, bis sie deutliche Anzeichen der Erschöpfung spüren. Die Erholungsphasen dauern in diesem Fall länger.

Das extremste Beispiel für Überforderung kommt aus Japan. Das Phänomen wird dort Karoshi genannt. Angestellte werden plötzlich durch einen tödlichen Herz- oder Gehirnschlag aus dem Arbeitsprozess herausgerissen, nachdem sie jahrelang nicht einen einzigen Tag Urlaub gemacht und unmittelbar vor Ihrem Tod einige Tage ohne Pause durchgearbeitet haben.

Leider leben auch wir in einer Kultur, in der die Anstrengung verherrlicht wird. Auf die Ergebnisse kommt es nicht so sehr an. Wenn sich jemand beim Sport, bei der Arbeit oder beim Lernen quält, erhält er dafür Lob, selbst dann, wenn die Ergebnisse mager sind. Dann hat man höchstens wegen der schlechten Ergebnisse Mitleid mit ihm, aber die Selbstquälerei wird grundsätzlich anerkannt. Andere, die mühelos lernen, arbeiten und trainieren, werden dagegen beschuldigt, sich nicht genügend anzustrengen. Sie stehen immer unter dem Verdacht, dass sie noch mehr leisten könnten, wenn sie sich abquälen würden. Es gilt mehr, etwas aufgrund großer Anstrengungen erreicht zu haben. Das Mühelose wird abgewertet.

Werten Sie das Mühelose nicht ab!

Lassen Sie sich von dieser verrückten Arbeitsethik nicht beeindrucken. Pflegen Sie das Prinzip der subjektiven Unterforderung. Hören Sie auf, solange Sie das Gefühl haben, eigentlich noch ein bisschen weitermachen zu können. Obwohl Sie sich subjektiv unterfordert fühlen, schaffen Sie mehr. Es entsteht ein Trainingseffekt wie beim Sport. Ihnen wachsen Kräfte zu, und Sie können beim nächsten Mal mehr leisten, ohne sich mehr anstrengen zu müssen. Es ist ein paradoxer Prozess. Deshalb geht er wohl auch so schlecht in die Köpfe der Menschen hinein. Die Logik sagt einem, wer mehr tut, erreicht mehr. Wie soll man da glauben, dass man mehr erreicht, wenn man weniger tut? Andererseits sagt auch der Volksmund, dass weniger oft mehr ist. Probieren Sie es am besten selber aus.

Das Mögliche tun

Manchmal haben wir den Eindruck, nichts tun zu können. Wir können jemanden telefonisch nicht erreichen, ein vereinbarter Termin ist erst in 14 Tagen usw. Der Eindruck täuscht aber oft. Es gibt fast immer etwas, was wir tun können. Nur wenn wir auf bestimmte Vorstellungen oder einen festen Plan fixiert sind und uns auf eine bestimmte Reihenfolge festgelegt haben, sind wir blockiert. Sobald wir uns davon lösen, fällt uns etwas ein, was wir tun können. Die Kunst des Möglichen besteht darin, das Unmögliche loszulassen und das Mögliche zu tun. Es kann auch sein, dass uns etwas anderes im Moment besser gefallen würde, etwas, was uns leider aufgrund von Hindernissen unmöglich ist, und dass das Mögliche nur zweite Wahl ist. Trotzdem ist ein Schritt vorwärts ein Schritt vorwärts, und nur darauf kommt es an.

Das Mögliche zu tun fordert unsere Kreativität heraus. Sobald Hindernisse auftauchen, die unseren ursprünglichen Plan zunichte machen, müssen wir uns als Erstes fragen: Was kann ich jetzt tun? Leider machen wir meist das Gegenteil. Wir beschäftigen uns mit allem, was wir wegen des Problems nicht tun können, fragen, weshalb es da ist, warum die Welt so gemein zu uns ist, welche Probleme wir in unserem Leben sonst noch haben und welche wir früher einmal hatten. Dieses Verhalten ist unproduktiv. Die wichtigste Frage bleibt: Was kann ich jetzt tun? Sie lenkt unser Denken auf unser Ziel und lässt uns neue Wege finden.

Improvisieren

Bevor wir handeln, machen wir einen Plan. Wir überlegen, wie wir vorgehen, was dazwischenkommen kann und wie wir mit den voraussehbaren Problemen umgehen wollen. Alles können wir aber nicht voraussehen. Dann stehen wir ohne Vorbereitung da und müssen etwas aus dem Stegreif tun. Wir lassen uns etwas einfallen. Wir improvisieren.

Was uns in dieser unvorhergesehenen Situation einfällt, ist davon abhängig, wie groß unser Verhaltensrepertoire ist, wie viel Beobachtungen und Erfahrungen wir gespeichert haben und ob wir schnell etwas Passendes finden. Man kann die Fähigkeit zu improvisieren bis zu einem gewissen Grad trainieren, indem man sich häufig in neue, ungewohnte Situationen begibt. Mit der Zeit wird der Bestand an Verhaltensweisen, die nahezu überall passen, größer. Es gibt dann nicht mehr so viel, was einen überraschen könnte. Politiker haben zum Beispiel immer ein paar nichts sagende Floskeln parat, um auf jede Frage antworten zu können. Ältere, erfahrene Menschen können – wenn sie im Leben immer gut aufgepasst haben – besser improvisieren als jüngere. Sie haben viel erlebt und wissen leichter, was zu tun ist. Wenn man jung ist, hat man keine andere Wahl, als zu akzeptieren, dass man sich, öfter als einem lieb ist, ungeschickt verhält und viele Fehler macht. Das gehört zu jedem Lernprozess dazu und erhöht mit der Zeit die Fähigkeit zur gelungenen Improvisation.

Die Aktivitäten dokumentieren

Es kann hilfreich sein, wenn Sie ein Tagebuch Ihrer Aktivitäten führen. Die einfachste Form wäre es, einen Jahreskalender an die Wand zu hängen und jeden Tag rot anzustreichen, an dem Sie etwas unternommen haben, um Ihr Ziel zu erreichen. Wenn Sie wollen, können Sie auch ein ausführliches Projekttagebuch führen. Aber passen Sie auf, dass Ihre Dokumentation nicht mehr Zeit in Anspruch nimmt als die Arbeit am Ziel selbst.

Einen Jahreskalender würde ich Ihnen in jedem Fall empfehlen, auch dass Sie ihn so aufhängen, dass Sie ihn täglich sehen. Dann haben Sie immer vor Augen, ob Sie noch am Ball sind oder nicht. Wenn die Kreuzchen auf dem Papier immer spärlicher werden oder erst gar keine erscheinen, weil Sie nicht anfangen, dann haben Sie ein Problem. Lesen Sie die Kapitel über Ziel und Motivation noch einmal und blättern Sie in dem Kapitel »Überwinden Sie alle Hindernisse«.

Sich täglich an das Ziel erinnern

Erinnern Sie sich jeden Tag daran, was Sie gerne erreichen möchten. Im Eifer des Gefechts verliert man das Ziel leicht aus den Augen, besonders wenn sich Probleme vor einem auftürmen. Man fixiert sich allzu leicht auf die Probleme. Diese verleiden einem dann den Spaß. Erst wenn man wieder ans Ziel denkt, kehrt die Freude zurück, und man ist wieder motiviert.

Schreiben Sie sich Ihr Ziel auf ein DIN-A4-Blatt und lesen Sie es morgens, mittags und abends. Sie tun dies einen Monat lang. Nach einem Monat können Sie die Abstände verlängern. Lesen Sie Ihr Ziel am Wochenende durch. Setzen Sie das fort, bis Sie Ihr Ziel erreicht haben. Falls Sie den Text schon auswendig können, umso besser. Falls er Ihnen zu den Ohren heraushängt, wandeln Sie ihn ab. Es geht nicht um den Text als solchen, sondern um die bildlichen Vorstellungen, die er in Ihnen auslöst. Sie sollen sich das angenehme Gefühl aus der Startphase zurückrufen. Klammern Sie sich nicht an Ihre Pläne. Orientieren Sie sich auf Ihr Ziel.

Dieser Ratschlag mag Ihnen lächerlich erscheinen, aber viele erreichen Ihre Träume nur deshalb nicht, weil sie sie vergessen. Sie denken nur gelegentlich daran, so als eine Art Trost im rauen Alltag. Diese Menschen sehnen sich nach ihrem Ziel, rücken es aber gleichzeitig in eine weite Ferne. Geben Sie sich nicht mit der Sehnsucht zufrieden. Machen Sie Nägel mit Köpfen.

Geben Sie sich nicht mit der Sehnsucht zufrieden. Machen Sie Nägel mit Köpfen.

Am besten ist es tatsächlich, die Beschreibung Ihres Traums auf eine Seite zu beschränken. Es geht nicht um eine episch breite Darstellung Ihres Traum, sondern Sie sollen Ihre Wünsche auf den Punkt bringen. Sie brauchen auch nicht andauernd an Ihr Ziel zu denken. Dafür haben Sie gar keine Zeit, weil Sie alle Hände voll zu tun haben mit der Realisierung Ihres Wunsches. Aber morgens, mittags oder abends für wenige Augenblicke an Ihr Ziel zu denken – das kann Wunder wirken.

Handeln als Meditationsobjekt

Sie können sich auf Ihre Aktivitäten konzentrieren, wie Sie es bei einer Meditation tun würden. Die zielgerichteten Handlungen sind Gegenstand Ihrer Aufmerksamkeit. Es ist völlig normal, immer wieder von der Realisierung Ihres Projekts abzuschweifen. Doch nach einiger Zeit der Unaufmerksamkeit kehren Sie immer wieder zu Ihrem Plan und Ihren Aktivitäten zurück. Sobald Sie bemerken, dass Sie von Ihrem Vorhaben abgekommen sind, fragen Sie sich: »Wo war ich stehen geblieben?«, und machen von diesem Punkt aus weiter.

Sich aufs Tun konzentrieren, abschweifen, weitermachen – das ist der Dreiklang, auf den Sie achten sollen. Beim Thema »Motivation« habe ich auf eine andere Wellenbewegung hingewiesen: Motivation, Demotivation und erneute Motivation. Zuerst sind Sie von Ihrem Ziel oder Lebenstraum fasziniert. Dann ebbt die Begeisterung ab. Sie motivieren sich erneut und haben wieder Spaß an der Sache. So geht es immer weiter, wie Ebbe und Flut, Flut und Ebbe, Ebbe und Flut.

Schritt für Schritt

Am Anfang sind Sie vielleicht eingeschüchtert von der Fülle der Aufgaben, die Sie erledigen müssen, um Ihren Traum Realität werden zu lassen. Denken Sie aber daran, dass Sie nicht alles auf einmal tun müssen. Sie konzentrieren sich immer nur auf den nächsten Schritt. Dann wird die Aufgabe überschaubar und ist leichter zu bewältigen.

Stellen Sie sich vor, Sie wollten 1000 km gehen. Die Strecke entspricht ungefähr der Entfernung zwischen München und Hamburg. Das schaffen Sie nicht auf einmal. Niemand kann das auf einmal bewältigen. Aber was Sie tun können, ist, einen Schritt nach dem anderen zu machen. Sie gehen bis zum nächsten Baum, bis zur nächsten Straßenecke, bis zum gelben Briefkasten dort hinten. Das heißt, Sie haben immer Nahziele, von denen Sie wissen, dass Sie sie erreichen können. Ein einziger Schritt bringt Sie nicht ans Ziel, aber er bringt Sie Ihrem Ziel näher. Und das ist alles, worauf es ankommt: Ihrem Ziel näher kommen und immer näher kommen.

Erst dies, dann das

Es passiert relativ leicht, dass man in Gedanken schon viel weiter ist als in der Realität. Zügeln Sie Ihre Ungeduld. Machen Sie das, was vor Ihnen liegt, gut, und denken Sie erst an die nächste Aufgabe, wenn Sie die erste abgeschlossen haben. Sonst entsteht eine atemlose Hetze, die Sie auf Dauer nicht durchhalten werden. Handeln Sie nach der Devise: Eins nach dem anderen. Erst dies, dann das. Auf diese Weise wird die Reise angenehmer. Machen Sie bewusst langsamer, wenn Sie merken, dass Sie immer schneller und hektischer werden. Oder legen Sie eine Pause ein. Dann können Ihr Körper und Ihre Gedanken zur Ruhe kommen. Sie gewinnen Zeit, Prioritäten neu zu setzen und sich über das Erreichte zu freuen.

Nicht die Zeit rast. Sie rasen.

Nicht die Zeit rast, Sie rasen. Sie können Ihr Zeitempfinden beeinflussen, indem Sie schneller oder langsamer machen. Die Zeit dehnt sich, wenn Sie langsamer machen, und sie läuft schneller, wenn Sie hetzen. Deshalb kann man den Wettlauf mit der Zeit nicht gewinnen. Das Zeitempfinden passt sich Ihrer Geschwindigkeit an. Probieren Sie es aus.

Lernen

Auch wenn man weiß, wie man zum Ziel kommt, ist man noch nicht automatisch da. Man muss den Weg erst einmal gehen. Manchmal kann man ihn nicht gehen, weil einem bestimmte Fähigkeiten fehlen. Viele Dinge muss man erst lernen und eine Zeit lang üben, bevor man in der Lage ist, die gewünschten Handlungen auszuführen. Wissen ist das eine, Können das andere.

Nehmen wir an, Sie wüssten, wie man mit drei Bällen jongliert. Dieses Wissen ermöglicht Ihnen noch nicht zu jonglieren. Sie müssten erst noch üben. Nach vielen Versuchen wären Sie imstande, die nötigen Bewegungen wie gewünscht auszuführen. Das Wissen, wie es geht, ist erst der Anfang. Es folgt ein längerer Prozess des Übens, bis man das Wissen auch sicher anwenden kann. Wissen und Können zusammen ermöglichen den Erfolg. Können setzt in der Regel Lernen voraus. Schritt für Schritt muss man üben, sich so zu verhalten, wie es erforderlich ist, um das Ziel zu erreichen.

Auch eine Sprache lernt man Wort für Wort und Satz für Satz. Jedes Wort und jeder Satz eröffnen einem neue Möglichkeiten, sich zu verständigen. Es ist ein Prozess, der prinzipiell nie endet, weil man immer neue Ausdrucksfähigkeiten finden kann.

So, wie man eine Sprache lernt, lernt man auch, sich zu bewegen. Das Repertoire an möglichen Bewegungen ist unerschöpflich. Jeder Mensch erarbeitet sich als Kind den »Grundwortschatz« an Bewegungen. Man lernt zu krabbeln, rollen, gehen, hüpfen, klettern, sitzen. Darüber hinaus lernt man (oder auch nicht), wie man sich als Kind, Mutter, Vater, Lehrer, Freund oder Politiker benimmt. Es gibt eine beachtliche Zahl an gesellschaftlichen Rollen. Dadurch dass man ein paar davon einstudiert, kann man bei dem Theater des Lebens mitmachen. Dabei gibt es auch die Möglichkeit, Rollen neu zu definieren. Im Theater würde man davon sprechen, eine Rolle in einem Stück neu zu interpretieren.

Je mehr Verhaltensweisen einem zur Verfügung stehen, desto flexibler kann man agieren und reagieren. Kennt man dagegen nur eine Verhaltensmöglichkeit, wird man immer wieder dasselbe Stück aufführen, immer dasselbe Drama, immer dieselbe Komödie. Man spielt dann den Kranken, die Hilflose, den Edlen, die Gutherzige, den Schurken, die Heldin, egal, ob dieser Part in die Szene passt oder nicht. Erst wenn man verschiedene Rollen oder eine Rolle auf verschiedene Weise spielen kann, hat man die Wahl, wie man sich verhalten will, ob man beispielsweise wütend werden oder gelassen bleiben will. Dann ist man in der Lage, in seinem Leben die Regie zu übernehmen und die selbst gesetzten Ziele anzusteuern.

Je mehr Verhaltensweisen Sie gelernt haben, desto flexibler können Sie reagieren.

Handeln setzt also oftmals Lernen voraus. Einiges kann man schon, anderes muss man sich erst noch aneignen. Je mehr man lernt, desto größer sind die Chancen, die eigenen Ziele erreichen zu können.

Die Phasen des Lernprozesses

Man lernt, indem man zwei oder mehr Elemente miteinander verknüpft. Beim Englischlernen merkt man sich beispielsweise das Wort »table« für Tisch. Dann fällt einem bei »Tisch« »table« und bei »table« »Tisch« ein. Man kann alles Mögliche miteinander verbinden: Wörter, Bewegungen, Klänge, Erinnerungen. Nur ein Teil der Elemente bleibt auf Anhieb miteinander verbunden. Das meiste gerät wieder in Vergessenheit und muss wiederholt werden. Verknüpfen und Wiederholen sind Grundelemente des Lernprozesses.

Anders ist es beim Umlernen. Während man beim Lernen offen für Neues ist und keine Hindernisse für neue Verknüpfungen bestehen, macht sich beim Umlernen die Macht der Gewohnheit bemerkbar. Die meisten kennen dieses Phänomen vom Umräumen. Nachdem man Sachen einen neuen Platz gegeben hat, stellt man fest, dass man eine Zeit lang immer wieder zu den alten Plätzen läuft und sich jedes Mal daran erinnern muss, wo die Dinge jetzt zu finden sind. Man muss sich an das Neue erst gewöhnen.

Beim Umlernen spielt sich im Einzelnen Folgendes ab:

1. Phase: Man gewöhnt sich an eine bestimmte Reihenfolge. Erst tut man dies, dann jenes. Mit der Zeit kann man die Reihenfolge auswendig und muss sich nicht mehr konzentrieren. Man kann es praktisch im Schlaf.

2. Phase: Man möchte die Reihenfolge ändern. Zuerst überlegt man sich die neue Reihenfolge und handelt dann entsprechend. Sobald man sich nicht auf die neue Abfolge konzentriert, fällt man in die alte Gewohnheit zurück. Außerdem kommt einem das Neue irgendwie komisch vor, eben ungewohnt. Das Neue geht schwerfällig, dauert länger, erfordert Konzentration. Am liebsten würde man es so wie früher machen.

Versuchen Sie einmal, sich die Zähne zu putzen, indem Sie die Zahnbürste in die andere Hand nehmen. Wenn Sie Rechtshänder sind, in die linke, wenn Sie Linkshänder sind, in die rechte. Viel Spaß! Sie werden sofort verstehen, was ich eben abstrakt beschrieben habe.

3. Phase: Wenn man konsequent die neue Reihenfolge einhält, bildet sich eine neue Gewohnheit. Alles geht schließlich so einfach wie in Phase 1.

Im Allgemeinen ist es einfacher, etwas neu zu lernen, als umzulernen. Auch das Neulernen kann schwierig sein, aber man muss dabei nicht gegen die alte Gewohnheit kämpfen und nicht dieses komische Gefühl in Kauf nehmen.

Rückfälle

Ich habe eben schon gesagt, dass man beim Umlernen leicht wieder in alte Gewohnheiten zurückfällt. Das ist nebensächlich, wenn man ein paar Sachen umräumt und nun wieder die Schublade aufzieht, in der der Fotoapparat nicht mehr liegt. Schwerwiegender scheint es zu sein, wenn jemand angefangen hat, nicht mehr zu rauchen oder zu trinken. Leider gehört es auch hier zum Umlernen dazu, manchmal in die alte Gewohnheit zu verfallen. Es besteht kein Grund, dies zu dramatisieren. Die Rückfälle werden seltener, kürzer und weniger intensiv.

Etwas Neues zu lernen ist meist einfacher als umzulernen.

Im Grunde sind Rückfälle ein gutes Zeichen. Sie signalisieren, dass jemand angefangen hat, ein neues Verhalten zu lernen. Denken Sie an das emotional weniger belastete Beispiel des Umräumens. Nur demjenigen, der etwas an einen neuen Platz getan hat, kann es passieren, wieder die alte Schublade aufzuziehen. Wer erst gar nicht umräumt, macht auch keine Fehler und kommt nicht in die Verlegenheit, in alte Gewohnheiten zurückzufallen.

Rückfälle sind nicht optimal, aber in der Regel unvermeidlich. Natürlich gibt es Beispiele, in denen jemand auf Anhieb ein neues Verhalten lernt. Man darf sich im Leben aber nicht an den Ausnahmefällen orientieren. Wenn Sie sich in allen Bereichen nur auf die Spitzenkönner beziehen, werden Sie sich bald wie ein Versager vorkommen. Es gibt einfach niemanden, der auf allen Gebieten ein Meister ist. Deshalb ist Meisterschaft im ganzen Leben ein unrealistischer Traum. (Leider hat dieser Traum in unserer Gesellschaft gerade Konjunktur.) Es reicht vollkommen, beharrlich weiterzulernen, seine Fehler zu machen und schließlich das neue Verhalten zu beherrschen. Freuen Sie sich bei Rückfällen darüber, dass Sie überhaupt einen Punkt erreicht hatten, von dem aus Sie zurückfallen konnten, und machen Sie da weiter, wo Sie aufgehört haben.

Das Begehen von Fehlern ist natürlich kein Freibrief, zu alten Gewohnheiten zurückzukehren. Fehler passieren. Wenn sich aber jemand vornimmt, »Fehler« zu machen, ist das etwas ganz anderes. Dann ist es eine Ausrede.

Üben

Neue Denk-, Fühl- und Verhaltensweisen müssen geübt werden, bevor sie zum eigenen Repertoire dazugehören. Nur ein kleiner Prozentsatz der neuen Möglichkeiten bleibt sofort im Gedächtnis. Erst Übung macht den Meister. Viele möchten Meister sein, aber nur wenige wollen auch üben. Übung kann man nicht kaufen, allenfalls kann man einen Lehrer bezahlen, der einem sagt, ob man richtig übt oder nicht. Aber sogar dies ist problematisch; denn was ist »richtiges« Üben? Üben ist üben. Normalerweise wird dabei automatisch ein Optimierungsprozess in Gang gesetzt, vorausgesetzt, man ist mit den Gedanken bei der Sache. Es ist Zeitverschwendung, geistesabwesend zu üben. Nur wenn man die Aufmerksamkeit auf das eigene Tun richtet, kann man vergleichen und feststellen, ob das eine oder das andere besser, also »richtiger« ist. Der Weg führt vom Falschen über das weniger Falsche zum Richtigen.

Dabei sind der Meisterschaft keine Grenzen gesetzt. Wo hört das Anfängersein auf, und wo beginnt die Meisterschaft? Das können Sie letztlich nur selbst herausfinden und dabei eventuell das Urteil von anderen berücksichtigen.

Learning by doing

Learning by doing ist die Antwort auf die Frage: Wie lernt man am besten? Indem man es tut. Es gibt keinen Ersatz für das reale Tun. Nehmen Sie, was immer Sie wollen, und fragen Sie sich: Wie kann ich dies lernen? Wenn es irgendwie geht, sollte Ihre Antwort lauten: by doing.

Wie lernt man kochen? Indem man kocht. Wie lernt man Flamenco tanzen? Durch Flamencotanzen. Wie lernt man, sich in einer Stadt zu orientieren? Indem man durch die Stadt geht, sich ein paarmal verläuft, die Straßen aus allen Richtungen kennen lernt und die Zusammenhänge erkennt. Wie lernt man, mit schwierigen Menschen umzugehen? Indem man viel mit schwierigen Menschen umgeht.

Ich meine damit nicht, dass man aufs Geratewohl anfängt, ohne Information und ohne jede Ahnung. Es ist schon wichtig, ein Lernziel zu haben, also zu wissen, was man am Ende des Lernprozesses können will. Es ist auch wichtig, Spaß bei der Sache zu haben und sich ein paar Pläne zurechtzulegen. Aber wenn man die notwendigen Vorbereitungen getroffen hat, kommt es darauf an, es zu tun. Wenn man sich traut, genügend Fehler zu machen, und gut aufpasst, wird man dieselben Fehler nicht immer wieder machen. Und darum geht es beim Lernen: nicht immer wieder dieselben Fehler machen. Fehler sind okay, aber nicht immer wieder dieselben.

Es gibt einen ganz einfachen universellen Lehrplan: Sie machen an einem Tag, was immer Sie tun wollen. Am Abend überlegen Sie, was gut war und was schlecht. Dann nehmen Sie sich vor, das Gute zu wiederholen. Für das Schlechte überlegen Sie sich Alternativen, wie Sie das nächste Mal in derselben Situation anders und besser handeln können. Das ist alles. Wenn Sie diese einfache und wirksame Strategie täglich konsequent anwenden, wird sich Ihr Leben innerhalb kürzester Zeit um ein Vielfaches verbessern.

Ist aller Anfang schwer?

Früher wusste ich nicht, ob aller Anfang nun schwer oder leicht ist. Ich war im Zweifel, ob Anfänge nicht gerade dann schwer werden, wenn man es erwartet, ob man nicht Opfer einer selbsterfüllenden Prophezeiung wird. Heute glaube ich, dass es für jeden Anfänge gibt, die tatsächlich schwer sind, unabhängig davon, was man erwartet. Schon rein physikalisch sind Menschenkörper träge Massen. Bei ihrer Beschleunigung ist erst einmal Reibungswiderstand zu überwinden. Wenn man dann in Bewegung ist, trägt einen der eigene Schwung. Auf der psychischen Ebene haben Therapeuten in bestimmten Fällen festgestellt, dass erst die Arbeit und dann die Lust kommt. Depressive (aber auch andere) machen typischerweise den Fehler, dass sie darauf warten, Lust zu bekommen, etwas zu tun. Da sie das Pferd falschherum aufzäumen, können sie lange warten. Wenn Depressive (und andere) aber anfangen, etwas zu tun, werden sie nach einiger Zeit feststellen, dass es ihnen Spaß macht.

Auch wenn nur wenige Menschen im klinischen Sinn an Depressionen leiden, kennen wir doch alle gelegentlich den Alltags-Blues. Wir können uns dann die Erkenntnisse der Psychologie zunutze machen und trotz unserer Missstimmung handeln. Nach einiger Zeit sind wir in unser Tun vertieft und kommen auf andere Gedanken. Am Ende freuen wir uns über unsere Aktivitäten.

Lernen und Ego

Auch beim Lernen kann aller Anfang schwer sein. Beobachten Sie einmal Leute, die lernen zu tanzen, zu tischlern, Trompete zu spielen oder was auch immer. Wo ist da Leichtigkeit oder Eleganz? Anfänger scheinen sich manchmal fast die Finger zu brechen. Sie verrenken sich und machen sich unfreiwillig zum Clown.

Kinder lernen sprechen, laufen, lesen, schreiben, rechnen und sich so zu benehmen wie die Erwachsenen in ihrer Umgebung. Sie haben gar keine andere Wahl, als zu lernen. Beim Sprechenlernen ahmen sie die Laute ihrer Mutter nach. Sie machen dabei viele Fehler und ihre Mutter spricht es ihnen immer wieder richtig vor. Beim Laufenlernen üben sie viele Bewegungsfolgen, bis sich daraus mit der Zeit ein Krabbeln, Sitzen, Aufstehen und Gehen ergibt. Dieses Gehen ist am Anfang unbeholfen und wird mit der Zeit immer flüssiger, bis sie schließlich nicht nur laufen, sondern rennen können.

Erwachsene können sich nicht mehr oder kaum ans Sprechen- und Laufenlernen erinnern. Es gibt vielleicht ein paar Geschichten in der Familie, die immer wieder erzählt werden, über besonders lustige Worterfindungen und -verdrehungen. Der eine oder andere erinnert sich vielleicht an wenige herausragende Erfolge und Misserfolge beim Gehenlernen. Aber den gesamten Prozess des Sprechen- und Laufenlernens weiß niemand mehr. Ähnlich ist es mit den Erinnerungen an elementares Lernen wie Lesen, Schreiben und Rechnen. Die Erwachsenen haben kein Bewusstsein für ihre jahrelangen Lernprozesse als Kinder. Sie wissen nicht mehr, wie oft sie etwas wiederholen mussten, bis sie es konnten. Sie haben vergessen, wie viele Misserfolge mit ihrem Lernen verbunden waren.

Gerade in der heutigen Instant-Zeit, in der jeder Wunsch sofort erfüllt werden soll, empfinden es Erwachsene oft als eine Kränkung, dass sie eine Zeit lang ihre Unfähigkeit ertragen und ungeschickt sein müssen, bevor sie etwas

Etwas noch nicht zu können wird oft als Kränkung erlebt.

können. Es ist mit dem Selbstbild vieler Erwachsener unvereinbar, Anfänger zu sein, wiederholt dumme Fragen zu stellen, eine lächerliche Figur zu machen und sich nach einem Lehrer zu richten.

Lernen braucht Zeit, und wer will sich die nehmen? Deshalb gibt es so viele Fertigsuppen, Schnellrestaurants, Schnellreinigungen, Sofortbildlabors. Aus demselben Grund haben die handwerklichen Fähigkeiten abgenommen, und die Nachrichten über Kinder, die in ihrer Sprach- und Bewegungsentwicklung gestört sind, nehmen zu.

Falls Sie gerne lernen, haben Sie einen enormen Vorteil gegenüber den anderen. Sie werden nämlich auf dem Weg zu Ihren Zielen mitunter einige neue Fähigkeiten entwickeln müssen. Als neugieriger und dem Lernen aufgeschlossener Mensch haben Sie es dann viel leichter.

Wenn Sie nicht gerne lernen, haben Sie die Chance, das Lernen neu zu lernen. Der Lernprozess ist derselbe wie beim Ziele-Erreichen. Man setzt sich ein Lernziel, motiviert sich, folgt einem Lehrplan und bewältigt die Lernprobleme. Achten Sie darauf, dass Ihnen das Lernen trotz gewisser Mühen Spaß macht. Die Freuden des Entdeckens und Gelingens können alle Schwierigkeiten mehr als aufwiegen. Es gibt einige Bücher über das Lernenlernen, in denen Sie entsprechende Anregungen finden können. Sie können auch Volkshochschulkurse oder die Kurse privater Anbieter ausprobieren. Damit eignen Sie sich das notwendige Know-how an, in Zukunft selbstständig lernen zu können, was immer Sie möchten.

Wenn Sie anfangen, etwas Neues zu lernen, erwarten Sie nicht zu viel. Erlauben Sie sich, Anfänger zu sein. Sie haben das Recht, Fehler zu machen. Sie können noch kein Meister sein, also brauchen Sie auch nicht so zu tun. Trauen Sie sich, unbeholfen und tapsig zu wirken. Mit der Zeit werden Sie geschickter. Sie müssen nur immer weiter machen und dazulernen. Integrieren Sie den am Anfang ungeschickten Lernenden in Ihr Selbstbild.

Warten Sie nicht auf den Urlaub, um Pausen zu machen

Der Weg zu Ihrem Ziel ist unendlich viel leichter, wenn Sie regelmäßig Pausen machen. Pausen sind unerlässlich, um immer wieder Abstand vom eigenen Tun zu bekommen. In den Pausen kommen Ihnen neue Ideen. Sie gehen mit frischen Kräften und klarem Verstand wieder an die Arbeit. Sie füllen die verausgabte Energie wieder auf und erhalten Ihre körperlichen und geistigen Kräfte. Der angenehmste Nebeneffekt ist, dass Sie bei guter Laune bleiben und Ihr Tun eine Leichtigkeit bekommt, die Sie vielleicht nicht für möglich gehalten haben.

Falls Sie in der Vergangenheit dazu geneigt haben, sich zu überlasten, werden Sie so etwas wie eine Erleuchtung erleben. Es gibt ein Leben ohne Stress. Und es **Es gibt ein Leben ohne Stress.** geschieht ein Wunder: Sie schaffen nicht weniger, sondern mehr. Vielleicht bekommen Sie sogar ein schlechtes Gewissen, weil Sie so einen unverschämten Vorteil gegenüber den anderen haben, die sich keine Pausen gönnen. Sie erreichen viel und haben auch noch Spaß. Sagen Sie es lieber keinem anderen.

Als besonders günstig hat sich erwiesen, etwa alle anderthalb bis zwei Stunden 15 bis 20 Minuten Pause zu machen. Wenn Sie eine Pause ausfallen lassen müssen, holen Sie sie so bald wie möglich nach. Vielleicht ist es auch sinnvoll, etwas andere Intervalle zu wählen. Finden Sie selbst heraus, wann Sie am besten wie lange Pause machen. Der wahre Test besteht darin, ob Sie sich dabei wohlfühlen. Ich schreibe zum Beispiel selten länger als 30 Minuten hintereinander an diesem Text. Dadurch bleibe ich frisch und es macht mir großen Spaß, sowohl eine Pause zu machen als auch weiterzuschreiben.

Die Lösung liegt wieder einmal darin, die richtige Mitte zu finden, in diesem Fall zwischen Anspannung und Entspannung. Dabei können Sie sich nur bedingt an anderen Menschen orientieren, weil jeder andere Bedürfnisse hat.

Erholungszeiten sind jedenfalls unverzichtbar, während eines Tages, innerhalb einer Woche und innerhalb eines Jahres. Überlassen Sie den Stress den Workaholics. Warten Sie nicht auf den Urlaub, um sich zu erholen. Feiern Sie den Abend, das Wochenende und die Jahreszeiten, indem Sie für Abwechslung und Erholung sorgen.

Das Nonplusultra wäre es allerdings, wenn es Ihnen gelingt, sich bei Ihrem Tun zu entspannen, also nicht vorher oder nachher, sondern dabei. Das ist zweifellos die größte Herausforderung. Aber wo steht geschrieben, dass man sich beim Handeln verkrampfen oder die Luft anhalten muss? Es ist die übertriebene Muskelanspannung beim Handeln und das damit verbundene flache Atmen, das erschöpft.

Falls Sie darauf achten, bei allem, was Sie tun, frei zu atmen, werden Sie erleben, dass Sie sich wesentlicher besser fühlen. Der Atem ist der beste Indikator für Verspannungen. Solange Sie frei atmen, bleibt die Muskulatur gelöst, und umgekehrt: Solange Sie beim Tun locker bleiben, atmen Sie auch frei und angenehm.

Stellen Sie sich vor, Sie dürften nie wieder Pause machen, es gäbe keine Freizeit und keinen Urlaub mehr. Sie hätten gar keine andere Wahl, als locker und entspannt zu arbeiten.

Weitere Kraftquellen liegen im Schlaf, in der Bewegung und in der Ernährung. Viele von uns neigen dazu, zu wenig zu schlafen, sich zu wenig zu bewegen und sich schlecht zu ernähren. Dadurch zehren wir an unseren Kräften. Ob es uns passt oder nicht, wir sind animalische Wesen, die ihre körperlichen Bedürfnisse erfüllen müssen.

Durch die Beachtung der Grundregeln hinsichtlich Bewegung, Schlaf, Essen und Trinken können wir mehr für unsere Gesundheit tun als jeder Arzt. Finden Sie heraus, was Ihnen persönlich gut tut. Sie allein können beurteilen, welche Getränke, Nahrungsmittel, Sportarten und Schlafenszeiten Ihnen bekommen. Es scheint ein großer Irrtum zu sein, einheitliche Regeln für alle Menschen aufstellen zu wollen.

Die indische Volksmedizin Ayurveda (wörtlich: die Wissenschaft vom Leben) enthält Differenzierungen, die der westlichen Schulmedizin im Allgemeinen fremd sind. Da es nicht Thema dieses Buches ist, über Ernährung, Bewegung und gesunden Schlaf zu informieren, möchte ich Sie auf das Buch von Vasant Lad *Selbstheilung mit Ayurveda* hinweisen. Es gibt aber auch andere gute Bücher zu diesen Themen, die Sie finden können, wenn Sie sich die Mühe machen, aus dem riesigen Bücherangebot die Perlen herauszufischen. Das Gute, Schöne und Wahre ist immer und überall selten. Aber es lohnt sich, danach zu suchen. Wie auch immer Sie es anstellen wollen, achten Sie darauf, dass Sie sich bei der Realisierung Ihrer Träume nicht verausgaben, sondern Ihre Kräfte gut einteilen.

Heute glücklich sein – und morgen auch

Dieses Buch geht von der Prämisse aus, dass jeder Mensch glücklich sein möchte. Alle Wünsche, Träume und Ziele laufen auf ein großes Ziel hinaus: Glücklichsein. Es gehört offenbar zur Ironie des Lebens, dass Menschen diesem Ziel ihr Glück opfern. Die Opferung des Glücks gibt es in zwei Varianten. Man meint, heute leiden zu müssen, um morgen glücklich sein zu können. Oder man will heute um jeden Preis glücklich sein und nimmt dabei in Kauf, morgen zu leiden.

Beschäftigen wir uns zunächst mit der Variante, heute sein Glück zu opfern, um morgen glücklich zu sein. Die Zeiträume sind dabei variabel. Man kann den Tag für den Abend, das Heute für das Morgen, die Arbeitszeit für die Urlaubszeit, die

Jugend für das Alter, das Leben für das Paradies opfern. Märtyrer gehen freudig in den Tod, weil sie auf das Glück im Paradies hoffen. Arbeiter, Angestellte, Beamte und Selbstständige sorgen für das Glück im Alter vor, auch wenn das gegenwärtige Arbeitsleben ihnen keinen Spaß macht, und so weiter. Das Prinzip ist immer dasselbe: Ich quäle mich heute, damit ich morgen glücklich bin. Ich quäle mich morgen, damit ich übermorgen glücklich bin, ad infinitum. Das Glück wird immer weiter in die Zukunft verschoben.

Die zweite Variante versucht das glatte Gegenteil: Hauptsache heute glücklich, egal, ob man später dafür büßen muss. Drogenabhängige setzen sich jetzt einen Schuss, auch wenn es der letzte ist. Alkoholiker wollen jetzt ihren Rausch, auch wenn in ein paar Jahren die Leber, das Herz oder sonst etwas kaputtgeht. Raucher wollen jetzt die Befriedigung durch eine Zigarette erleben, auch wenn die Lunge oder das Kreislaufsystem dabei langsam ruiniert wird. Käufer wollen jetzt konsumieren, auch wenn sie den Kredit später nicht zurückzahlen können. Wir wollen heute Auto fahren, heute um die Welt oder zum Mond fliegen, heute Atomstrom produzieren, auch wenn die Umwelt morgen tot ist.

Beide Varianten stellen Fallen dar. Die zweite Variante ist ein Pakt mit dem Teufel, wie er in Märchen, Mythen und in der Religion vielfach dargestellt wird. Die erste Variante ist ein Trugbild, eine Illusion. Das Glück wird in die Zukunft projiziert. Ob es jemals erreicht wird, weiß der liebe Himmel. Beide Varianten lassen sich scheinbar vernünftig begründen. Doch ihr Nachteil ist allzu offenkundig. Immer ist es das Glück, das auf der Strecke bleibt, entweder heute oder morgen.

Die Alternative besteht darin, heute glücklich zu sein und morgen auch. Es ist absurd, das Glücklichsein immer wieder in die Zukunft zu verschieben. Genauso widersinnig ist es, das Ziel durch die Wahl der Mittel in Zukunft unmöglich zu machen.

Der Grund, weshalb wir unser Glück so oft opfern, liegt darin, dass dieses Verhalten in unsere Kultur so tief eingegraben ist. Es gibt so viele Beispiele für diese beiden unsinnigen Verhaltensweisen, im Alltag, in der Geschichte, in der Literatur, in religiösen Überlieferungen, dass es leichter scheint, diesen alten Gewohnheiten der Menschheit zu folgen, als neue Wege zu beschreiten. Dies muss aber nicht so sein. Sie können es für sich persönlich ändern. Setzen Sie sich ein Ziel in der Zukunft, das Sie glücklich und zufrieden machen wird, und gestalten Sie den Weg zu diesem Ziel so, dass Sie Spaß daran haben, selbst wenn Sie Ihr Ziel nicht erreichen sollten.

Auch auf das Ziel »Glücklichsein« treffen die Grundprinzipien der hier vorgestellten Strategie zu. Man muss glücklich sein wollen, Pläne dafür machen und sie ausführen, und dann … trifft man leider auf Hindernisse. Wenn Sie wissen möchten, wie man sie überwindet, lesen Sie das nächste Kapitel.

Überwinden Sie auftauchende Hindernisse

Probleme gehören dazu, jeder hat Probleme

Nennen wir die Dinge beim Namen. Sprechen wir von Problemen und nicht von Herausforderungen oder Chancen. Die Probleme verschwinden nicht dadurch, dass man sie umbenennt. Ich habe lieber lösbare Probleme als unüberwindbare Herausforderungen oder minimale Chancen. Wer es nötig hat, das Wort »Problem« zu vermeiden, traut sich offenbar nicht zu, damit fertig zu werden. Menschen hatten und haben Probleme und werden immer welche haben. Na und? Wo es Probleme gibt, gibt es auch Lösungen, und mit diesen werden wir uns in diesem Kapitel beschäftigen.

Akzeptieren Sie Ihre Probleme im Moment

Beginnen wir gleich mit der besten und einfachsten Strategie im Umgang mit Problemen: Akzeptieren Sie alle Hindernisse, auf die Sie treffen, jedenfalls im Moment. Akzeptanz wirkt wie ein Wundermittel. Kein Problem kann Ihnen etwas anhaben, solange sie es akzeptieren. Machen Sie sich immer wieder klar, dass die unangenehmen Dinge Teil des Lebens sind.

Erst wenn Sie dagegen ankämpfen und darauf bestehen, dass sie verschwinden sollen, werden sie lästig. Ihre Probleme lassen Sie nicht mehr los. So kommt es Ihnen jedenfalls vor. In Wirklichkeit ist es umgekehrt: Sie lassen Ihre Probleme nicht los. Sie nehmen sie überallhin mit, denken nur an sie und erzählen unaufhörlich davon, jedem, der es hören will, und auch denen, die es nicht hören wollen. Ihre Fantasie macht die Schwierigkeiten immer größer, bedrohlicher und unüberwindbarer. Sie machen aus Mücken Elefanten und dramatisieren. So vermiesen Sie sich auch alle schönen Momente.

Tun Sie das nicht. Halten Sie sich an die Fakten und beachten Sie, dass Probleme immer nur ein Teil des Lebens sind. Sie gehören dazu. Sie kriegen sie nicht weg, auch wenn Sie sich das noch so sehr wünschen. Aber die Hindernisse sind nicht alles, sondern nur ein Teil.

Es gibt eine Art Lebensgesetz. Worauf man die Aufmerksamkeit richtet, dahin fließt die Energie. Das Beachtete wird größer, zumindest im Bewusstsein und manchmal auch in der Realität. Wenn Sie sich auf Ihre Probleme konzentrieren, haben diese die Tendenz, größer zu scheinen oder tatsächlich zu werden. Umgekehrt gilt: Wenn Sie sich auf Ihre Ziele konzentrieren und auf die angenehmen Seiten des Lebens, scheinen Ihre Probleme kleiner zu werden und Sie finden eher Lösungen.

Worauf man die Aufmerksamkeit richtet, dahin fließt die Energie.

Probleme haben die unangenehme Eigenschaft, Ihnen den Blick auf Ihre Ziele zu verstellen. Deshalb müssen Sie die Probleme loslassen und ein paar Schritte zurücktreten, damit Sie Distanz gewinnen und Ihre Ziele wieder erkennen können. Dann sehen Sie die Hindernisse in einem vernünftigen Verhältnis zu Ihrem übrigen Leben.

Nehmen wir einmal an, Sie gehen oder fahren einen gewohnten Weg. Plötzlich stoßen Sie auf eine Straßensperre, von der Sie nichts wussten und die völlig unerwartet Ihren Plan zunichte macht, wie immer diese eine Straße entlangzugehen oder -zufahren. Da Sie aber die Gegend kennen, nehmen Sie einfach den nächstmöglichen anderen Weg zu Ihrem Ziel. Kein Drama, nichts Besonderes. Sie haben die Straßensperre einfach in ihrer Existenz akzeptiert. Dann haben Sie Ihre Aufmerksamkeit von ihr abgewandt und sich wieder dem Ziel Ihres Wegs zugewandt. Sie haben sich einen anderen gangbaren Weg gesucht und dadurch getan, was nötig und möglich war, um Ihr Ziel trotz des Hindernisses zu erreichen. Das war alles. Die Baustelle ist immer noch da. Sie haben nicht versucht, sie zu beseitigen. Sie haben sich einfach einen anderen, im Moment besseren Weg gesucht. Sie haben sich an die durch die Baustelle veränderte Realität angepasst.

Unsere Umwelt ändert sich permanent. Wir selbst ändern uns und die anderen Menschen auch. Das gesamte Universum ist ständig in Bewegung und in Veränderung. Nichts bleibt so, wie es ist. Das können wir bedauern, aber es ändert nichts an den Tatsachen. Je schneller wir uns anzupassen vermögen, desto leichter haben wir es im Leben. Die Dinge, so, wie sie waren, gehören der Vergangenheit an. Wir aber leben heute und können nur die Gegenwart beeinflussen. Auch unsere Zukunft können wir gestalten. Die Vergangenheit aber ist vergangen, ob es uns gefällt oder nicht.

Was wäre passiert, wenn Sie an der Baustelle nicht einfach einen anderen Weg gesucht hätten? Sie hätten aussteigen und ein großes Theater machen können. Sie hätten die Bauarbeiter beschimpfen und die Polizei rufen können. Sie hätten die Ärmel hochkrempeln und mithelfen können, die Bauarbeiten schneller zu beenden und die Straße wiederherzustellen. Dann hätten Sie Ihren Weg in einem halben Jahr fortsetzen können. Ich hoffe, Sie finden diese Vorstellung absurd. Leider verhalten wir uns oft so uneffektiv. Wir machen ein großes Theater und beschweren uns über Gott und die Welt, anstatt einfach auf der nächstmöglichen Straße weiterzufahren.

Es gibt Menschen, die machen aus ihren Ehen jahrelange Baustellen, auf denen sie sich abrackern, bevor sie sich einen anderen Partner oder eine andere Partnerin suchen, der oder die besser zu ihnen passt. Auch der Arbeitsplatz oder die Kindheit kann eine Baustelle werden, wenn man sich an die darin angelegten Probleme klammert, anstatt den Weg ins Freie und Erfreuliche zu suchen.

Der amerikanische Psychologe Lawrence LeShan, den ich bereits an anderer Stelle erwähnt habe, hat jahrzehntelang mit krebskranken Menschen gearbeitet. Eine lebensbedrohliche Krankheit wie Krebs hat – wie jedes größere Problem – die Tendenz, die Seele der Betroffenen aufzufressen. Die Erkrankten neigen dazu, sich nur noch auf die Krankheit zu konzentrieren. Angesichts der schlechten Prognose machen viele keine Pläne mehr. LeShan leitete seine Patienten an, trotz der Erkrankung ein möglichst glückliches Leben zu führen. Er unterstützte sie darin, die Vision eines erfüllten Lebens zu entwickeln und in die Tat umzusetzen. Auf diese Weise fanden viele Patienten die Kraft, weiterzuleben.

LeShans Therapie lässt sich als Akzeptanz-Strategie verstehen: 1. Das Hindernis, in diesem Fall die Krankheit, wird im Moment akzeptiert. 2. Die Patienten entwickeln die Vision eines gesunden, befriedigenden Lebens. 3. Sie tun alles, was nötig ist, um ihre Träume zu verwirklichen.

Diese Strategie funktioniert nicht nur bei alltäglichen Hindernissen wie Straßensperren, sondern auch bei sehr schwer wiegenden Problemen. Sie besteht aus drei Schritten: 1. akzeptieren/loslassen, 2. neu orientieren/Ziele setzen, 3. handeln.

Man kann Probleme nicht immer lösen, aber man kann sich von ihnen lösen.

Was macht ein Problem zu einem Problem?

Was für den einen ein Problem ist, ist für einen anderen keines. Wenn man Geld braucht, ist dies nur für diejenigen ein Problem, die keines haben. Falls man Zeit braucht, aber keine hat, ist dies ein Problem, aber nicht für diejenigen, die Zeit haben. Dasselbe trifft zu, wenn man nach ein paar Fehlschlägen resigniert. Diejenigen, die gelernt haben, mit Misserfolgen umzugehen, machen weiter. Es ist also nicht der Misserfolg an sich, der ein Problem darstellt, ebenso wenig das fehlende Geld oder die mangelnde Zeit. Es hängt von einem selbst und den eigenen Möglichkeiten ab, ob etwas zum Problem wird oder nicht. Es ist eine Beziehung zwischen einer bestimmten Anforderung und einem bestimmten Menschen. Wenn jemand Enttäuschungen nicht ertragen kann, nicht Finnisch spricht und kein Geld hat, ist alles in Ordnung, solange er für sein Ziel kein Geld, keine Frustrationstoleranz und keine Kenntnisse der finnischen Sprache braucht. Sobald aber auch nur eines davon wichtig wird, hat dieser Mensch ein Problem. Er kommt erst weiter, wenn er eine Lösung findet.

Ob und inwieweit etwas ein Hindernis darstellt, hängt also in starkem Maße von den Bewältigungsmöglichkeiten des Betroffenen ab. Zum Glück! Denn dadurch sind Probleme im Prinzip für jeden überwindbar. Praktisch jeder kann lernen, mit dem, was im Moment noch ein Hindernis ist, fertig zu werden. Wenn einige dieses Problem meistern können, können es alle anderen grundsätzlich auch. Jeder hat die Möglichkeit, von denen zu lernen, die mit dieser Art Hindernis umgehen können.

Nehmen wir an, Sie müssten für Ihr Projekt Portugiesisch sprechen können. Solange Sie es nicht können, haben Sie ein Problem. Nun gibt es aber Leute, die dies können (nicht zuletzt die Portugiesen selbst). Auch Sie können es also lernen. Sie können sich von denen, die Portugiesisch sprechen können, helfen lassen, indem Sie es von ihnen lernen oder sie bitten, für Sie zu übersetzen.

Die zweite wichtige Strategie im Umgang mit Problemen besteht also darin, nach Leuten Ausschau zu halten, die dieses Problem nicht haben, von ihnen zu lernen oder sich von ihnen helfen zu lassen.

Es geht also oftmals darum, Leute zu finden, die das Ziel, das Sie erreichen möchten, bereits erreicht haben. Sie müssen das Rad nicht neu erfinden, sondern können Personen suchen, die Ihr Problem auch hatten und es gemeistert haben.

In manchen Fällen hat man vielleicht den Eindruck, niemand habe das Problem, mit dem man gerade konfrontiert ist, bisher gelöst. Das mag manchmal auch so sein. Aber achten Sie immer auf die Ausnahmen. Es gibt fast immer Menschen, die sich mit Ihrem Problem auskennen und es bewältigt haben. Mitunter muss man in anderen Milieus, anderen Ländern, anderen Kulturen, vergangenen Zeiten suchen, um die entsprechenden Ausnahmen zu entdecken. Suchen Sie nicht nur unter den Leuten, die Sie kennen. Erweitern Sie Ihren Horizont. Schauen Sie sich in der ganzen Stadt, im ganzen Umkreis, überall in Ihrem Land um. Wenn es sein muss, suchen Sie weltweit. Die Chancen, dass Sie unter den sechs Milliarden Menschen, die zur Zeit leben, ein paar Meisterinnen finden, sind sehr groß. In den meisten Fällen werden Sie sogar in Ihrer Nähe jemanden entdecken, der Ihnen weiterhelfen kann.

Die Sprüche »Das gibt es nicht«, »Das hat noch nie jemand geschafft«, »Wo kämen wir denn hin, wenn das jemand tun würde« sind ignorant. Lassen Sie sich davon nicht aufhalten. Suchen Sie nach Lösungen für Ihre Probleme. Bleiben Sie auf Kurs. Verwirklichen Sie Ihre Träume, auch wenn andere es nicht tun.

Es liegt im Wesen der Ausnahmen, dass sie selten sind. Deshalb lassen sie sich gut ignorieren. Machen Sie nicht diesen

Fehler. Schauen Sie sich um. Finden Sie die positiven Ausnahmen. Dann können Sie die Hindernisse, vor denen Sie stehen, leichter überwinden und Ihre Ziele erreichen.

Nehmen Sie sich vor den Erfolglosen in Acht

Erfolglos heißt natürlich nicht, dass jemand auf der ganzen Linie erfolglos ist. Gemeint sind vielmehr die Menschen, die auf dem Gebiet, auf dem Sie reüssieren wollen, nicht weitergekommen sind. Die Erfolglosen meinen es nicht böse, wenn Sie Ihnen Tipps geben. Sie berichten einfach über ihre Erfahrungen, und die sind negativ.

Was werden Sie zum Beispiel von Leuten hören, die seit Jahren eine unglückliche Ehe führen? Dass es ohne weiteres möglich ist, glücklich zusammenzuleben? Wohl kaum. Sie werden Ihnen im Allgemeinen erzählen, dass es glückliche Ehen nicht gibt.

Was werden Sie von Leuten hören, die sich Tag für Tag lustlos zur Arbeit schleppen, von Leuten, die am Morgen schon hoffen, dass es schnell Abend werden möge? Werden diese Leute Ihnen erzählen, dass Arbeit Spaß macht und auch Sie zu den Glücklichen gehören können? Natürlich nicht. Sie werden Ihnen stattdessen in vielen Einzelheiten erklären, warum Arbeit Plage, Mühe und Last ist. Was sollen sie Ihnen auch erzählen? Sie kennen ja nichts anderes.

Nehmen Sie die Mitteilungen unglücklicher Menschen ernst. Versuchen Sie herauszubekommen, wie diese Leute es anstellen, sich unglücklich zu machen. Was denken sie? Was tun sie? Und dann machen Sie das Gegenteil davon oder jedenfalls irgendetwas anderes. Es gibt keinen vernünftigen Grund, sich an den Erfolglosen und Unglücklichen ein Beispiel zu nehmen.

Willst du das wirklich?

Hindernisse haben eine wichtige Funktion. Sie schützen das Ziel vor denjenigen, denen es im Grunde egal ist, ob sie es erreichen oder nicht. Jeder, der nur schwach oder gar nicht motiviert ist, bekommt die Gelegenheit zu sagen: »Okay, das war's, ich steig aus.«

Sie kennen doch die Kataloge, die in einigen Läden herumliegen. Wenn man einen mitnehmen möchte, muss man manchmal eine kleine »Schutzgebühr« zahlen. Damit soll verhindert werden, dass man Kataloge mitnimmt, die man zu Hause sofort wegwirft. Der Kunde soll sich überlegen, ob er den Katalog auch wirklich will. Wenn er nicht einmal bereit ist, ein paar Münzen dafür hinzulegen, dann ist es besser, er lässt die Finger davon.

Ebenso ist es mit Hindernissen. Für die ernsthaft Interessierten sind Hindernisse eine Gelegenheit, ihren Vorsatz zu bekräftigen. Deshalb gibt es auf dem Weg zum Ziel eine Reihe von Schwierigkeiten. Niemand soll länger an einem Ziel festhalten, als er dies wirklich will. So gesehen sind Probleme nicht feindselig, sondern freundlich. Sie helfen einem, die Motivation von Zeit zu Zeit zu überprüfen.

»Ist dir dein Ziel die weitere Mühe wert? Welchen Nutzen wirst du von deinem Ziel haben? Lohnt es sich für dich, weiterzumachen? Wofür strengst du dich an? Wozu machst du all das?« Wenn Sie diese Fragen zu Ihrer Zufriedenheit beantworten können, werden Sie auch Wege finden, alle Hindernisse zu überwinden.

Kannst du das schon?

Hindernisse stellen noch eine weitere Frage: »Kannst du das schon?« Was wir können, bereitet uns keine Schwierigkeiten. Probleme messen unsere Fähigkeiten. Wir kommen nur dann nicht weiter, wenn uns irgendein Mittel fehlt: eine Information, ein Werkzeug oder eine Fähigkeit. Informationen und Werkzeuge kann man sich beschaffen. Fähigkeiten kann man lernen.

Probleme testen unsere Fähigkeiten.

Wir projizieren die Schwierigkeiten gerne auf die Dinge und Menschen, mit denen wir (noch) nicht zurechtkommen. So sprechen wir von »schwierigen Menschen«, wenn wir immer wieder Probleme mit bestimmten Leuten haben. Dabei übersehen wir, dass es andere Personen gibt, die mit diesen angeblich schwierigen Leuten umgehen können. Also sind offenbar nicht die Leute schwierig, sondern wir haben noch nicht den richtigen Dreh gefunden, der uns den Umgang mit diesen Leuten erleichtern würde.

Manchmal kommen Menschen nach dem Tod oder der Trennung des Partners oder der Partnerin mit ihrem Leben nicht zurecht. Häufig sind es Männer, die ihren Haushalt nicht führen können. Auch hier fragt das Leben kurz und knapp: Kannst du das schon? Wer gelernt hat, selbstständig zu leben, kann Trennungen leichter bewältigen. Die anderen müssen erst noch lernen, was ihnen fehlt. Insofern ist das Leben ein unerbittlicher Lehrmeister, der keine Rücksicht darauf nimmt, ob uns diese Lektion im Moment passt oder nicht. Andererseits verlangt das Leben von uns nichts, was wir nicht prinzipiell auch leisten können.

Hindernisse stellen so etwas wie Prüfungen im Leben dar, dabei werden folgende Bereiche abgefragt:
- Weißt du eigentlich, was du willst?
- Wie stark bist du motiviert? Wie wichtig ist es dir, deine Ziele zu erreichen?

- Verfügst du schon über das nötige Know-how, um deine Träume wahr werden zu lassen?
- Wie steht es um deine Tatkraft? Was tust du für deine Ziele?
- Hast du schon gelernt, Enttäuschungen und Misserfolge zu ertragen? Hast du genug Ausdauer?

Die meisten Menschen mögen Prüfungen nicht, weil sie befürchten, sie nicht bestehen zu können. Anders als in der Schule bekommen wir im Leben aber immer wieder eine neue Chance. Wenn wir gut aufpassen, können wir genügend Fähigkeiten erwerben, um keine Hindernisse mehr fürchten zu müssen. Wir können die Frage »Kannst du das schon?« immer öfter bejahen.

Die Wunderfrage

Falls wir uns allzu sehr in Probleme verstricken, kann die Wunderfrage eine wertvolle Hilfe sein, wieder die richtige Perspektive zu gewinnen. Nehmen wir einmal an, über Nacht geschieht ein Wunder und alle unsere Probleme sind gelöst, wie sieht die Welt dann für uns aus? Was ist anders als jetzt? Was tun wir an dem Tag, nachdem das Wunder geschehen ist?

Mithilfe dieser Fragen können wir einen Blick auf unsere Ziele werfen. Wir erkennen, wie schön das Leben sein kann. Entweder sind die Probleme gelöst, nachdem das Wunder geschehen ist, oder wir können aufgrund des Wunders damit umgehen.

Das, was wir nach dem Wunder tun können, ist oft dasselbe, was wir auch heute schon – trotz unserer Probleme – tun könnten. Leider lassen wir uns durch die Probleme den Blick auf diese Möglichkeiten oft verstellen.

Erfolgsformeln

Im Eifer des Gefechts vergessen wir mitunter, was wir wollen. Wir verstricken uns beispielsweise in Streitereien, fühlen uns von Problemen überwältigt, verzetteln uns in Kleinkram oder geben überflüssigen Versuchungen nach.

Erfolgsformeln erinnern uns daran, was wir tun müssen, um ans Ziel zu gelangen. Sie helfen einem in den schwierigsten Situationen. Hannes Lindemann schildert in seinem Buch *Allein über den Ozean*, wie er in einem Minifaltboot den Atlantik überquert hat. Seine Erfolgsformel lautete »Kurs West«. Jedes Mal, wenn er in einen Orkan geriet und am Ende seiner Kräfte war, schien ihm der Sturm »Kurs West« zuzurufen. Diese beiden Wörter enthielten das Mindeste, was er tun musste, um die amerikanische Küste zu erreichen: sein Boot auf Kurs West zu halten.

Erfolgsformeln sind immer sehr knapp formuliert. Sonst taugen sie nicht in den Stürmen des Lebens. Sie geben eine klare positive Anweisung, worauf zu achten ist.

Überlegen Sie sich auch eine Erfolgsformel, die Ihnen hilft, auf Ihr Ziel zuzusteuern.

Hindernisse kleiner machen

Viele Menschen sind überempfindlich gegen Schwierigkeiten. Sie machen aus einer Mücke einen Elefanten und aus Elefanten riesige Monster. In diesem Fall ist ein Training nützlich, das darin besteht, aus riesigen Monstern wieder Elefanten und aus Elefanten wieder Mücken zu machen.

Schauen wir uns zuerst an, was man tun muss, um aus kleinen Problemen große zu machen. Am besten ruft man angesichts von Schwierigkeiten laut aus: »Das ist ja furchtbar.

Das kann ich nicht aushalten. Das überlebe ich nicht. Oh, wie schrecklich. Immer muss das mir passieren. Nie habe ich Glück. Alles geht schief. Es wird von Tag zu Tag schlimmer.« So muss man mit sich selbst möglichst oft sprechen und vor allem darf man nicht vergessen, sich Tag und Nacht mit seinen Problemen zu beschäftigen. Man kann das Ganze noch unterstützen, indem man den Kopf hängen lässt, flach atmet, sich wenig bewegt, wenig schläft, schlecht isst und mit niemandem redet, es sei denn, um auf die beschriebene Weise zu klagen. Dann wird man sich bald ziemlich elend fühlen.

Und wie macht man aus großen Problemen kleine? Indem man sich sagt: »Ohne diese Schwierigkeiten wäre mein Leben vielleicht schöner, aber es geht auch so. Es ist nicht optimal, aber ich komme damit zurecht. So etwas passiert. Davon abgesehen ist alles in Ordnung. Auch diese Probleme werden vorübergehen, so wie alle anderen, die ich schon erlebt und bewältigt habe. Das kommt schon wieder in Ordnung. Das hat nichts mit mir zu tun. Es wird mit der Zeit besser werden. Das Beste in meinem Leben kommt noch. Das Leben will mir etwas Besseres zeigen.«

Außerdem kann man die Probleme dadurch kleiner machen, dass man den Kopf und den Körper aufrecht hält, den Atem fließen lässt, sich bewegt, zum Beispiel spazieren geht oder Sport treibt, gut ausschläft, auf die Mahlzeiten achtet, isst, was einem besonders gut schmeckt, und mit einer verständnisvollen Freundin oder einem guten Freund spricht oder seine Probleme einem Tagebuch anvertraut.

Noch ein Tipp für den Fall, dass sich Ihre Gedanken im Kreis drehen: Grenzen Sie die Beschäftigung mit Ihren Problemen ein. Reservieren Sie feste Zeiten dafür, zum Beispiel von 18.00 bis 18.30 Uhr. Falls die Sorgen Sie zwischendurch überfallen, lehnen Sie eine Beschäftigung mit ihnen ab und verweisen auf die dafür vorgesehenen Zeiten.

Reservieren Sie eine bestimmte Zeit für Probleme.

Wie man sich Angst macht

Für Angst gibt es viele Bezeichnungen: Nervosität, Lampenfieber, Aufgeregtheit, Panik usw. Jeder kennt dieses Gefühl, auch wenn einige es nicht zugeben wollen.

Angst ist unangenehm, aber harmlos. Angst soll uns vor Gefahren warnen. Das ist der Grund, weshalb wir uns so unwohl fühlen. Wir sollen weglaufen, einfach flüchten, sodass wir die Gefahr weit hinter uns lassen. So weit, so gut. Angst ist aber sinnlos, wenn gar keine Gefahr besteht, wir sie uns nur einbilden. Wie soll man vor etwas weglaufen, was nur in der Fantasie besteht?

Aber seien wir zunächst einmal froh, dass die meisten Ängste unserer Einbildung entspringen. Wenn die Welt nämlich wirklich so gefährlich wäre, wie wir glauben, wäre unser Überleben in Frage gestellt. In Wirklichkeit ist die Erde ein ziemlich sicherer Ort. Trotz aller Krankheiten, Katastrophen und Kriege hat die Zahl der Menschen auf diesem Planeten ständig zugenommen und tut dies auch weiter in einem Ausmaß, das Geburtenbeschränkung notwendig macht. Immer mehr Menschen werden bei immer besserer Gesundheit immer älter.

Den eingebildeten Ängsten begegnet man am besten dort, wo sie entstehen, nämlich in der Fantasie. Wir haben einerseits die Fähigkeit, uns Gefahren einzureden. Andererseits können wir uns die eingebildeten Gefahren auch wieder ausreden. Leider machen wir von dieser Möglichkeit so wenig Gebrauch.

Die Gefühle hängen von den Gedanken ab

Schauen wir uns den Zusammenhang zwischen unseren Gedanken und Gefühlen etwas genauer an. Wir fühlen so, wie wir denken. Da wir aber selten darauf achten, welche Bilder und Worte uns durch den Kopf gehen, verpassen wir die Gedanken, die die eigentliche Ursache unserer Gefühle sind. Wir schenken den Ereignissen in unserer Umwelt und unseren Gefühlen mehr Aufmerksamkeit als unseren Gedanken. Daher glauben viele, ihre Gefühle würden direkt von den äußeren Ereignissen abhängen.

Nehmen wir einmal an, fünf Personen bleiben in einem Fahrstuhl stecken. Der eine wird ängstlich, der zweite wütend, der dritte deprimiert, dem vierten ist es egal und der fünfte freut sich. Warum reagiert jeder anders? Warum bekommen nicht alle Angst? Wenn die Gefühle von dem äußeren Ereignis, hier dem Steckenbleiben des Fahrstuhls, abhingen, müssten alle Personen dasselbe empfinden.

Viele Menschen sind davon überzeugt, ihre Gefühle nicht beherrschen zu können. »Die wirtschaftliche Entwicklung macht mir Angst.« »Wie der mich behandelt, ärgert mich.« Wir sprechen so, als ob die Menschen, Dinge und Situationen mit uns machen können, was sie wollen. Aber warum haben dann nicht alle immer dieselben Gefühle, selbst dann nicht, wenn sie dasselbe erleben?

Nehmen wir einmal an, wir würden die fünf Personen im Fahrstuhl einmal fragen, was ihnen angesichts ihrer misslichen Lage durch den Kopf geht. Der Ängstliche antwortet: »Ich kann vor Angst überhaupt nicht denken.« Aber als er sich etwas beruhigt hat, sagt er: »Ich komme hier nie wieder lebend raus.« Außerdem berichtet er, dass er immer wieder das Bild vor Augen hat, wie die Fahrstuhlkabine ungebremst in den Abgrund stürzt. – Dem Wütenden geht Folgendes durch den Kopf: »Welcher Idiot ist hierfür verantwortlich? Das lasse ich mir nicht bieten. Ich werde mich beschweren. Die sollen mich kennen lernen.« – Der Deprimierte jammert: »Warum muss das immer mir passieren? Was soll ich bloß machen?« – Der Gleichgültige betrachtet das Muster der Fahrstuhlwände. Außerdem fällt ihm auf, dass er auch einmal so einen Mantel wie sein Nachbar hatte. – Der Begeisterte überlegt sich: »Super. Das wollte ich immer mal erleben. Hoffentlich dauert es ein paar Tage. Dann steht es in allen Zeitungen. Und ich war dabei.«

Jetzt haben wir ein differenzierteres Bild. Zwar erleben alle fünf dieselbe Situation, aber jeder bewertet sie anders. Der Ängstliche sieht sich in Todesgefahr, der Wütende fasst die Situation als persönliche Beleidigung auf, der Deprimierte sieht sich als hilfloses Opfer, der Gleichgültige ist in Gedanken mit dem Muster der Fahrstuhlwände und dem Mantel seines Nachbarn beschäftigt, der Begeisterte sieht sich bereits als Medienheld.

Nicht die Situation, sondern die Bewertung der Situation löst die Gefühle aus. Ängstliche Gedanken führen zu Angst, wütende Gedanken zu Wut, deprimierende Gedanken zu Depressionen, neutrale Gedanken zu neutralen Gefühlen und frohe Gedanken zu Freude.

> **Nicht die Situation, sondern die Bewertung der Situation bestimmt unsere Gefühle.**

Die inneren Selbstgespräche ermöglichen unterschiedliche Reaktionen. Wenn jemand ungerecht kritisiert wird, kann er sich darüber aufregen, indem er sich sagt: »Was fällt dem anderen überhaupt ein? Das darf der so nicht mit mir machen. Dem werde ich es zeigen.« Oder er kann denken: »Der Typ spinnt. Warum sollte ich den ernst nehmen?« Dann wird er relativ gelassen bleiben. Wäre die ungerechte Kritik der unmittelbare Anlass für den Ärger, wäre eine andere Reaktion überhaupt nicht möglich. Zwar ärgern sich viele Menschen über eine ungerechte Kritik. Aber das beweist nicht, dass sie es tun müssen. Sie könnten auch anders reagieren, vor allem, wenn sie sich ihrer Wahlmöglichkeiten bewusst wären.

Im 19. Jahrhundert war es in bestimmten Kreisen in Europa üblich, dass ein Mann, dessen »Ehre verletzt« worden war, den anderen zu einem Duell herausfordern »musste«. Inzwischen haben sich die Vorstellungen über Ehre, Ehrverletzung und die angemessenen Reaktionen darauf gründlich verändert. »Man« denkt heute anders darüber, empfindet anders und verhält sich anders. Aber das, was wir heute für Irrsinn halten, erschien den Beteiligten damals normal. Über welche Dinge, die heute als normal gelten, werden spätere Generationen den Kopf schütteln?

Weder den anderen Menschen noch den äußeren Umständen können wir die Schuld geben, wie wir uns fühlen. Wir sind selbst für unsere Gefühle verantwortlich. Das mag eine unangenehme Wahrheit sein, wenn man es bisher gewohnt war, immer die anderen dafür verantwortlich zu machen, wie es einem geht. Allgemein üblich ist es zu sagen: »Du nervst mich« – »Du machst mich glücklich« – »Du hast mir wehgetan.«

Gerade an dem letzten Satz lässt sich noch einmal die Verantwortung für die eigenen Gefühle aufzeigen. Wenn jemand einem anderen vors Schienbein tritt, kann der Angegriffene zu Recht sagen: »Du hast mir wehgetan.« Anders ist es, wenn jemand einen anderen beschimpft. Hier zu sagen: »Du hast mir wehgetan« macht keinen Sinn, weil der »Beleidigte« die Möglichkeit hat, die Schimpfworte an sich abprallen zu lassen. Er könnte sich beispielsweise sagen: »Es ist, wie wenn jemand gegen den Wind spuckt. Die Worte fallen auf ihn selbst zurück. Ich nehme sie nicht an.«

Jeder Mensch kann selbst bestimmen, wie glücklich oder unglücklich er sein will. Andere können ihn weder glücklich noch unglücklich machen. Auch die Umstände sind weder für sein Glücklichsein noch für sein Unglücklichsein verantwortlich. Jeder macht sich selbst glücklich oder unglücklich durch die Art und Weise, wie er über die Dinge denkt.

Sie können diese Zusammenhänge an sich selbst erfahren. Achten Sie nicht nur auf Ihre Wahrnehmungen, also das, was Sie sehen, hören, empfinden, riechen und schmecken. Lernen Sie auch, auf Ihre Gedanken zu achten. Die Gedanken bestehen aus inneren Gesprächen und Bildern. Wenn ein Gefühl Sie das nächste Mal aufwühlt, Sie also ärgerlich, traurig oder ängstlich sind, machen Sie sich zwei Dinge klar:

1. Wie ist die Situation? Was sehen, hören, empfinden Sie?
2. Wie kommentieren Sie die Situation?

Überlegen Sie, ob Sie die Situation auch anders kommentieren könnten: Was müssten Sie sich sagen, wenn Sie nicht ängstlich, traurig oder ärgerlich sein wollten? Welche Fantasien, also inneren Bilder und Filme, müssten Sie dann hinsichtlich der Situation entwickeln?

Wir lernen zwar das ABC und das 1x1. Aber leider lernen wir weder das ABC der Gefühle noch das 1x1 der Gedanken. Viele Erwachsene sind nicht einmal in der Lage, ihre Gefühle zu erkennen und zu benennen, geschweige denn zu beherrschen. Manche Menschen möchten gerne die Gedanken anderer lesen können. Besser wäre es, erst einmal die eigenen Gedanken zu erkennen. Die meisten Menschen achten nicht oder zu wenig darauf, was ihnen durch den Kopf geht. Falls sie ihre Gedanken überhaupt bemerken, nehmen sie keinen oder zu wenig Einfluss darauf. Sie meinen, ihren Gedanken und Gefühlen ausgeliefert zu sein. Manche meinen sogar, aus dem Bauch heraus zu handeln. Diese Fehlvorstellungen scheinen aus Zeiten zu stammen, als kirchliche Verbote genaue Anatomiekenntnisse verhinderten. Als Metapher mag das Aus-dem-Bauch-heraus-Denken noch angehen. Aber wenn Leute anfangen, ihren Kopf, also ihren Verstand, abzuwerten, dann zeigen sie, wie nötig sie ihn hätten.

Es ist nicht einfach, Zusammenhänge zu erkennen. Vielleicht haben Sie auch schon einmal beobachtet, wie verwundert ein Baby sich umguckt, wenn es sich bei einer ungeschickten Bewegung mit der Hand ins Gesicht geschlagen hat. Es möchte wissen, wer das war. Den Zusammenhang zwischen seinen Händen und dem Rest seines Körpers muss es erst noch begreifen.

Die Menschheit steht am Anfang des 21. Jahrhunderts mit ihren Kenntnissen über die Zusammenhänge zwischen Gedanken und Gefühlen ungefähr da, wo Babys mit ihrem Wissen im Allgemeinen stehen. Vermeintlich erwachsene Menschen machen sich durch ihre Gedanken unglücklich und gucken sich verwundert um, wer ihnen das zugefügt hat. Der Ärger, die Ängste, die Traurigkeit und auch die Freude scheinen aus heiterem Himmel zu kommen.

Wenn Sie mehr über die Zusammenhänge zwischen Gefühlen und Gedanken wissen möchten, empfehle ich Ihnen das Buch von Martin Seligman *Kinder brauchen Optimismus*. Martin Seligman ist Psychologe und in den USA ein renommierter Wissenschaftler. Er hat sich zum Ziel gesetzt, Kinder gegen Pessimismus quasi zu impfen. Damit Kinder lernen, wo Pessimismus und Optimismus herkommen, müssen die Erwachsenen es ihnen erklären können. Deshalb hat Seligman ein Lern- und Übungsbuch für Erwachsene und Kinder geschrieben. Er hat die in seinem Buch enthaltenen Programme getestet und sie haben sich als wirksam erwiesen. Zwar bezieht sich Seligman speziell auf Pessimismus und Depressionen. Sie können anhand dieses Buches aber allgemein die Prinzipien und Zusammenhänge zwischen Gedanken und Gefühlen verstehen.

Ängste überwinden

Die meisten Ängste entstehen durch Einbildungen. In Wirklichkeit ist die Welt sehr sicher, nicht 100-prozentig sicher, aber sehr sicher. Wir bilden uns nur ein, dass unser Handeln schlimme Folgen haben könnte, und sehen in unserer Fantasie Katastrophen heraufziehen. Oft ist es die Befürchtung, zu versagen oder von anderen abgelehnt zu werden, mit der wir uns daran hindern zu handeln. Wir trauen uns nicht, weil wir Angst haben, die anderen könnten uns auslachen und wir seien dem Spott und Gelächter nicht gewachsen.

Theoretisch besteht immer die Möglichkeit des Misserfolgs. Selbst wenn wir nur Brötchen kaufen gehen, kann es sein, dass der Bäcker im Moment keine hat. Viel wichtiger ist die Frage, wie wahrscheinlich es ist, dass die »Gefahr« eintritt. Unterscheiden Sie stets zwischen der Möglichkeit und der Wahrscheinlichkeit einer Gefahr. Wenn jemand mit dem Auto fährt, kann es immer sein, dass er beim nächsten Mal einen Unfall hat. Die Möglichkeit besteht einfach. Aber wahrscheinlich ist es nicht. Vielmehr liegt die Wahrscheinlichkeit, die nächste und alle weiteren Fahrten sicher zu überstehen, nahe bei 100 Prozent.

Die Möglichkeit, dass uns jemand eine Bitte abschlägt, besteht ebenfalls immer. Aber damit können wir umgehen oder wir können lernen, es relativ gelassen zu ertragen. Wir können uns an denen orientieren, die mit Ablehnungen gut fertig werden. Es besteht kein Grund, Ablehnungen durch andere zu dramatisieren. Man macht einfach so lange weiter, bis jemand Ja sagt.

Es kommt also nicht darauf an, ob wir versagen oder von anderen abgelehnt werden. Entscheidend ist, wie wir darauf reagieren. Wenn wir konstruktiv damit umgehen, lassen sich jeder Misserfolg und jede Ablehnung ohne Probleme ertragen.

Falls Sie sich nicht sicher sind, ob Sie Ihre Ängste übertreiben oder wirklich eine Gefahr besteht, fragen Sie andere, was die dazu meinen. Eine andere Sichtweise ist oft hilfreich, um Situationen realistisch einzuschätzen. Es kann ungemein beruhigend sein, von anderen zu hören, dass alles in Ordnung ist und lediglich unsere Fantasie mit uns durchgegangen ist.

Ein gewisses Risiko gehört zum Leben. Auch wenn wir es uns manchmal wünschen, ein absolut sicheres Leben gibt es nicht. Niemand ist vor Niederlagen und Ablehnungen gefeit. Unsere Aufgabe ist es, so viel Vertrauen und Optimismus zu entwickeln, dass wir trotzdem immer weitermachen.

Alle Ängste lassen sich mithilfe zweier Strategien überwinden:

1. Achten Sie auf Ihre Gedanken. Hören Sie Ihrem inneren Selbstgespräch zu. Sobald Sie merken, was Sie zu sich selbst sagen, sind Sie in der Lage, Einfluss auf Ihre Gedanken zu nehmen. Sie werden sich am Anfang vielleicht wundern, wie oft Sie sich selbst Angst machen. Für viele Menschen ist es eine Überraschung, Ihre Gedanken zum ersten Mal bewusst zu erkennen. Oft ist es eine große Erleichterung, den Ausgangspunkt der Ängste zu entdecken: »Wenn ich so mit mir rede, ist es ja kein Wunder, dass ich Angst bekomme.« Sobald Sie sich Ihrer Gedanken bewusst werden, werden Sie automatisch anfangen, sie zu ändern. Wer redet sich schon freiwillig Angst ein?

Achten Sie auf Ihre Gedanken.

Sie können diesen Prozess noch weiter unterstützen, indem Sie Ihre ängstlichen Gedanken aufschreiben und in Frage stellen. Sie können fragen:

- Stimmt das, was ich mir da sage?
- Wo sind die Beweise dafür, dass die Situation gefährlich ist?
- Hilft es mir, so zu denken?

- Werde ich meine Ziele erreichen, wenn ich mir weiter solche Ängste einrede?
- Was müsste ich mir sagen, um mich sicherer zu fühlen?

Üben Sie sich darin, sich Mut zuzusprechen. Wiederholen Sie die Gedanken, die Sie beruhigen. Sie haben sich bisher nicht gescheut, sich Gefahren einzureden. Nun können Sie es auch einmal umgekehrt machen.

Achten Sie auch auf innere Bilder. Viele Menschen reden sich keine Gefahren ein, aber lassen die ganze Zeit dramatische Filme in ihrem Kopf ablaufen. Es ist unvermeidlich, Angst zu bekommen, wenn man dauernd Horrorfilme in Cinemascope und in Farbe vor sich sieht. Es ist dann so, als ob man am helllichten Tag Albträume hat. Zum Glück sind wir Inhaber dieses Filmstudios. Wir produzieren diese Filme selbst. Sobald wir merken, welche Filme in unserem Inneren ablaufen, können wir die Regie übernehmen und die Bilder steuern: »Stopp. Schluss mit diesem Horrorszenario. Ich möchte, dass die Heldin am Schluss der Szene gewinnt. Alle wieder in die Startposition und das Ganze noch einmal von vorn. Ja, so war es schon besser. Aber das geht noch besser. Noch mal von vorn.« Das können Sie so lange fortsetzen, bis Sie mit dem Film zufrieden sind. Geben Sie sich klare Anweisungen. Falls Sie Schwierigkeiten damit haben, sehen Sie sich im Kino, Fernsehen oder auf Video mal ein paar andere Filme an als sonst. Vielleicht sehen Sie zu viele Opferfilme und identifizieren sich immer mit den falschen Personen. Achten Sie darauf, was die »Helden« machen. Suchen Sie sich in der Realität oder im Hollywood-Kino geeignete Vorbilder: »Wie würde sich X in dieser Situation verhalten?«

2. Achten Sie auf Ihren Atem. Wenn Sie die Luft anhalten, zu flach oder zu schnell atmen, müssen Sie sich beengt und daher ängstlich fühlen. Angst gehört zur Wortgruppe von

»eng« und bedeutet eigentlich »Enge, Beklemmung«. Sie
können jede Angst allein dadurch bezwingen bzw. erträg-
lich machen, dass Sie richtig atmen.

Atmen Sie länger aus als ein und machen Sie nach dem Ausatmen eine Pause. Sie können Ein- und Ausatmen kontrollieren, indem Sie zählen. Beim Ausatmen zählen Sie länger
als beim Einatmen. Das könnte so aussehen: beim Einatmen »21, 22, 23« und beim Ausatmen »21,
22, 23, 24, 25«, dann eine Pause »21, 22«.

**Achten Sie auf
Ihren Atem.**

Probieren Sie das einfach aus, bis Sie damit
zurechtkommen. In Situationen, in denen Sie starke Angst
spüren, müssen Sie damit rechnen, dass Sie sich zu einem
längeren Ausatmen und einer Pause zwingen müssen. Ihr
Angst-Atemschema wird Ihnen ein kurzes Ausatmen und
sofortiges heftiges Einatmen ohne Pause aufdrängen wollen. Dagegen müssen Sie bewusst angehen. Sie werden sehr
schnell merken, dass Sie Ihre Angst damit kontrollieren
können, dass sie bei richtigem Atmen nicht wächst, sondern abnimmt. Falls Sie tatsächlich häufiger unter Ängsten
leiden, wird es eine große Freude für Sie sein, mit diesem
einfachen und wirksamen Mittel Ihre Ängste im Zaum
halten zu können. Ihr Selbstvertrauen wird dann schnell
zunehmen.

Wenn Sie darüber hinaus lernen, sich jederzeit und überall
körperlich entspannen zu können, sind Sie vielen Menschen einen großen Schritt voraus. Sie werden merken, dass
Ihr Atem von allein ungehindert fließt, wenn Sie entspannt
sind. Ihr Atem wird nur dann flacher und hektischer, wenn
Sie sich verspannen. Insofern ist der Atem stets ein zuver-
lässiger und unbestechlicher Indikator Ihres Anspannungs-/
Entspannungsniveaus. Jeder Mensch hat andere Anspan-
nungsmuster. Sie können Ihre Muster kennen und ändern
lernen. Das dauert allerdings ein paar Monate. Wir leben in
einer Zeit, wo alles hier und jetzt und sofort gehen soll.

Aber Entspannung ist das Gegenteil davon. Sie brauchen für einen lockeren und entspannten Lebensstil Zeit. Wenn Sie keine Zeit haben, können Sie auch nicht besonders entspannt sein.

Lesen Sie einmal das Buch *Entspannung als Therapie* von Edmund Jacobson. Es heißt im amerikanischen Original *You must relax* und ist erstmals 1934 erschienen, in Deutschland allerdings erst 56 Jahre später. Leider, denn wie nötig hätten es die Deutschen gehabt, sich 1934 zu entspannen. Die von Jacobson vorgestellte Entspannung wird permanent falsch dargestellt. Deshalb empfehle ich Ihnen das Original. Jacobsons Entspannungstraining braucht Zeit. Viele Nachahmer behaupten heute, sein Training ließe sich verkürzen. Das scheint mir sehr zweifelhaft. Bei der Methode von Jacobson lernt man den Unterschied zwischen Anspannung und Entspannung kennen. Dazu muss man in der Lage sein, den Körper zu spüren. Aus diesem Grund spannt man die Muskeln erst leicht an und lässt dann los. Dabei achtet man auf den Unterschied zwischen Anspannung und Entspannung. Die Verfälscher der Methode weisen ihre Schüler dagegen an, die Muskeln stark anzuspannen. Dann kann man aber weder feine Unterschiede spüren noch anschließend richtig loslassen.

Jacobson betont in seinem Buch, dass es letztlich darum geht, sich ohne vorherige Anspannungsphase entspannen zu können. Schon deshalb macht die maximale Anspannung der Muskeln wenig Sinn. Es handelt sich nicht um ein Krafttraining. Für den gegenwärtigen Zeitgeist ist es aber typisch, dass auch Entspannungsverfahren verfälscht und in unwirksamer Form dargeboten werden. »Schneller, höher, weiter« lautet die Devise. Dabei sollte man beachten, dass Edmund Jacobson, der ein Meister seiner eigenen Methode war, 91 Jahre alt geworden ist. Es ist fraglich, wie alt seine dynamischen Nachfolger einmal werden.

Alle 5-Minuten-Entspannungsmethoden sind fragwürdig, weil sie leicht missbraucht werden. Anstatt sich einen entspannten Lebensstil anzueigen, tragen die Gestressten in ihren ohnehin gedrängt vollen Kalender einen 5-Minuten-Termin für Entspannung ein und glauben, die Sache in dieser Zeit hinter sich bringen zu können, um dann in den übrigen 23 Stunden und 55 Minuten hektisch und verspannt durchs Leben zu eilen. So ist Entspannungstraining nicht gemeint. Bestenfalls gibt es dann Trainingsweltmeister, die sich in ihrem geschützten Übungsraum wunderbar entspannen können, im Alltag aber wie viele andere verbissen und verkrampft agieren.

Auch Meditation wird auf diese Weise oft missbraucht. Da umrahmen Menschen ihr achtloses und zerfahrenes Alltagsverhalten mit zwei konzentrierten Atem- oder Sonstwie-Meditationen am Morgen und am Abend. Was soll das? Machen Sie nicht denselben Fehler. Lernen Sie, von morgens bis abends locker, entspannt, umsichtig und angstfrei zu leben. In einer hektischen Umwelt keine leichte Aufgabe! Aber Sie wissen ja: Wenn Sie sich dieses Ziel setzen, können Sie es erreichen.

Falls Sie die Erfahrung gemacht haben, dass Angst Ihr Haupthindernis ist und Sie Ihre Träume vor allem deshalb nicht verwirklicht haben, weil Sie sich nicht getraut haben, die notwendigen Schritte zu unternehmen, könnte es sich für Sie besonders lohnen, sich einmal in Buchläden und Büchereien umzusehen. Es gibt einige ausgezeichnete Anleitungen, Angst zu überwinden. Möglicherweise müssen Sie ein paar Dutzend Bücher anschauen, bis Sie die für Sie richtigen Tipps gefunden haben. Aber es lohnt sich.

Falls Sie sich auf Ihrem Weg unterstützen lassen möchten und eine Therapie oder ein Coaching erwägen, empfehle ich Ihnen, nach den Grundsätzen dieses Buches vorzugehen. Setzen Sie sich bei einer Beratung oder Therapie konkrete Ziele. Was wollen Sie erreichen? Wie soll das Ergebnis sein? Woran werden Sie erkennen, dass sich die Beratung für Sie gelohnt hat? Verplaudern Sie nicht Ihre Zeit und werfen Sie Ihr Geld nicht zum Fenster heraus. Auch in diesem Fall werden Sie vielleicht ein paar Dutzend Therapeutinnen oder Trainer prüfen müssen, bis Sie die für Sie richtige oder den richtigen gefunden haben. Geben Sie sich nicht allein mit Betrachtungen Ihrer Vergangenheit zufrieden. Schauen Sie in die

Ihre Gestaltungsmöglichkeiten liegen in der Gegenwart und Zukunft.

Zukunft. In der Gegenwart und Zukunft liegen Ihre Gestaltungsmöglichkeiten. Die Vergangenheit ist vorbei. Geeignete Angebote hierfür sind die lösungsorientierte Kurzberatung, kognitive Verhaltenstherapie und rational-emotive Verhaltenstherapie.

Was immer Sie tun, streben Sie nicht nach Angstfreiheit. Alle Menschen haben Angst, auch in den Situationen, die Ihnen zu schaffen machen. Es genügt, dass Sie mit Ihren Ängsten in der Lage sind, das zu tun, was Sie möchten. Akzeptieren Sie ein gewisses Maß an Angst und steuern Sie auf Ihre Ziele zu. Das genügt.

Pessimismus, Lustlosigkeit und Zweifel überwinden

Ein weiteres Hindernis auf dem Weg zu Ihren Zielen könnte Pessimismus sein. Wenn Sie pessimistisch sind, glauben Sie, Ihr Ziel nicht erreichen zu können. Derartige Zweifel können von Anfang an bestehen oder irgendwann unterwegs auftauchen: »Will ich das wirklich? Warum will ich das überhaupt? Das lohnt sich doch nicht. Es wird aus den und den Gründen nicht funktionieren. Die anderen sagen auch, dass ich es niemals schaffen werde.« Wenn Sie so denken, verlieren Sie die Lust und geben irgendwann auf. Weisen Sie Zweifel von sich. Denken Sie das Gegenteil: »Ja, ich werde es schaffen. Ich weiß nicht wie, aber ich werde es irgendwie schaffen. Andere haben dieses Ziel auch erreicht. Es wird sich lohnen. Ich habe es mir gut überlegt. Ich will es aus den und den Gründen. Bisher ist mir im Leben vieles gelungen, dann wird mir auch dies gelingen. Fehlschläge sind normal und kein Grund aufzuhören. Ich mache weiter, bis ich es geschafft habe. Ich kann lernen, mit allen Hindernissen und Problemen fertig zu werden. Es ist mir egal, was die anderen sagen. Es kommt darauf an, was ich selbst denke.«

Sie haben die Wahl: zu zweifeln oder an Ihren Erfolg zu glauben.

Auch hier gilt: Sie fühlen, wie Sie denken. Zweifel entstehen nicht aus dem Nichts. Sie machen sich die zweifelnden Gedanken selbst. Sie haben die Wahl, weiter zu zweifeln oder an Ihren Erfolg zu glauben. Wie glaubt man an den Erfolg? Indem man vor seinem geistigen Auge sieht, wie einem das gelingt, was man möchte. Visualisieren Sie das Resultat, das Sie anstreben. Stellen Sie sich vor, wie Sie eine Hürde nach der anderen nehmen, bis Sie schließlich am Ziel sind.

Vielleicht sind Sie mit Zweifeln vertrauter als mit Selbstvertrauen. Dann wird es Ihnen am Anfang komisch vorkommen, Ihre zweifelnden Gedanken zu stoppen und sich gedanklich mit Ihren Zielen und den Schritten dorthin zu beschäftigen. Sie entscheiden sich: Entweder beschäftigen Sie sich gedanklich mit vergangenen, gegenwärtigen und zukünftigen Misserfolgen und sehen sich immer wieder auf alle möglichen und unmöglichen Arten scheitern. Oder Sie denken an frühere, gegenwärtige und zukünftige Erfolge und sehen vor Ihrem geistigen Auge, wie Sie es trotz aller Schwierigkeiten schaffen.

Sie haben die Wahl, wie Sie denken und handeln. Niemand und nichts kann Sie aufhalten. Das können nur Sie selber.

Zwei Strategien können Ihnen helfen, sich für Optimismus, Selbstvertrauen und Spaß zu entscheiden:

1. Denken Sie optimistisch, indem Sie Erfolge und Misserfolge richtig einschätzen. Pessimisten halten Erfolge für vorübergehend, zufällig und untypisch für ihr Leben, Misserfolge dagegen für dauerhaft, selbstverschuldet und typisch. Optimisten erklären Erfolge und Misserfolge dagegen anders. Die Erfolge schreiben sie sich selber zu. Sie beruhen auf ihrem Wissen und Können. Optimisten erwarten Erfolge und halten sich auf allen Gebieten für erfolgreich. Misserfolge dagegen sehen sie als vorübergehende Erscheinungen an, die ausnahmsweise mal vorkommen. Misserfolge betreffen nur einen kleinen Bereich ihres Lebens, der Rest ist in Ordnung. Zwar sehen sich auch Optimisten als verantwortlich für ihre Misserfolge, aber nur zu einem Teil. Es haben immer auch ungünstige Umstände und dumme Zufälle eine Rolle gespielt. (Die Denkweise eines Optimisten können Sie sehr gut anhand des Buches von Martin Seligman *Kinder brauchen Optimismus* lernen.)

2. So wie Angst mit Atemkontrolle und Entspannung beherrscht werden kann, so lässt sich auch gegen Depressionen körperlich etwas tun. Übrigens verstehe ich Depressionen hier nicht im klinischen Sinn, sondern ausschließlich so, wie man diesen Begriff im Alltag als Synonym für Niedergeschlagenheit, Resignation, Lustlosigkeit benutzt. Diese depressiven Verstimmungen machen saft- und kraftlos. Man lässt den Kopf hängen, sinkt im Sessel ein Stück zusammen, starrt vor sich hin und fühlt sich matt. Dagegen hilft körperliche Bewegung. Sie können Seil springen, tanzen, auf der Stelle hüpfen, joggen, Rad fahren, schwimmen, Trampolin springen – irgendetwas, was Ihre Aufmerksamkeit und kraftvolle Bewegungen erfordert. Dadurch kehren die Lebensgeister zurück. Wichtig ist, dass Sie sich energisch bewegen, sodass Sie Ihre Kräfte spüren, Spaß an

der Bewegung haben und sich anschließend vital und munter fühlen. In dieser Stimmung wird es Ihnen unmöglich sein, Trübsal zu blasen. Es geht Ihnen einfach zu gut.

Wut und Aggressionen überwinden

Sie können sich ernsthaft an der Realisierung Ihrer Wünsche hindern, wenn Sie es mit Ihrer Wut und Ihren Aggressionen übertreiben. Mit aggressivem Verhalten erreichen Sie vielleicht kurzfristig Erfolge, aber Sie schaffen sich gleichzeitig eine Menge Feinde, die darauf sinnen, sich zu rächen. Wütendes, aggressives Verhalten kann andere einschüchtern, aber nicht auf Dauer. Irgendwann schlagen die anderen auf dieselbe Weise zurück. Davon abgesehen missbrauchen Sie einen körperlichen Mechanismus, der für Notfälle vorgesehen ist. Lassen Sie uns das einmal genauer anschauen.

Angst, Wut und Depressionen haben in der Entwicklung der Menschheit einen hohen Wert. Sie haben es uns ermöglicht zu überleben. Angst entsteht, wenn wir den Eindruck haben, etwas sei gefährlich. Wir möchten weglaufen, uns von der Gefahr entfernen. Wenn wir es tun, fühlen wir uns wieder sicher.

Wut empfinden wir, wenn wir angegriffen werden oder dies zumindest glauben und den Eindruck haben, unseren Körper, unsere Persönlichkeit, unsere Werte und Bedürfnisse verteidigen zu müssen. Wut aktiviert unsere Kräfte. Wir werden aggressiv und versuchen, unsere Interessen mit Gewalt durchzusetzen, indem wir den Feind durch Drohgesten und Gebrüll einschüchtern oder ihn körperlich angreifen.

Depressionen entstehen, wenn wir den Eindruck haben, dass Flucht oder Kampf sinnlos sind, weil die Gefahr übermächtig scheint und wir uns für ohnmächtig halten. Wir stellen uns lieber tot und hoffen, dass die Gefahr vorübergeht und unsere Feinde uns vielleicht übersehen, weil wir uns nicht mehr bewegen, oder sie uns für tot und besiegt halten und von uns ablassen.

Angst, Wut und Depression sind elementare Gefühlsreaktionen, die wir mit vielen anderen Lebewesen teilen. Wir können sie beispielsweise auch an Hunden, Katzen und Vögeln beobachten. Warum kann nun Wut zu einem Hindernis auf dem Weg zum Ziel werden? Manche Menschen werden im Alltag zu schnell, zu oft und zu sehr wütend. Sie explodieren bei Kleinigkeiten und beschäftigen sich noch stunden-, tage- oder sogar jahrelang mit irgendwelchen ärgerlichen Ereignissen. Auf diese Weise verschwenden sie ihre Zeit und Energie. Noch schlimmer wird es, wenn diese Menschen auf Rache sinnen. Anstatt sich weiter auf die Verwirklichung ihrer eigenen Ziele zu konzentrieren, befassen sie sich damit, die Ziele anderer Menschen kaputtzumachen. Damit ist niemandem geholfen. Sie bleiben weiter unglücklich, selbst wenn sie ihre destruktiven gegen andere gerichteten Ziele erreichen, und die anderen, die sie mit ihrem Hass verfolgen, werden vielleicht auch unglücklich, wenn sie nicht aufpassen und sich wirksam wehren.

Deshalb ist es wichtig, die eigenen Aggressionen zügeln zu können. Zwei Strategien helfen dabei:

1. Denken Sie um, wenn Sie merken, dass Sie sich zu oft, zu lange und zu intensiv mit Ihrer Wut beschäftigen oder Sie sich durch Ihre Zornesausbrüche selbst daran hindern, Ihre Ziele auf angemessene Art zu erreichen.

   Nicht die Umstände oder die anderen machen Sie wütend, sondern Sie selbst tun dies. Sie machen sich wütend, wenn Sie zum Beispiel Folgendes denken: »Die Welt muss so sein, wie ich es will. Ich bestehe darauf, dass dieses oder jenes geschieht.

Nicht die Umstände oder die anderen machen Sie wütend. Sie entscheiden selbst, ob Sie sich ärgern wollen oder nicht.

Alle anderen haben sich meinem Willen unterzuordnen. Ich bestimme, wie alles zu sein hat. Wenn die anderen nicht spuren, werde ich sie zwingen. Ich werde jeden zwingen, der sich meinen Vorstellungen und meinem Willen widersetzt.«

Es gibt noch andere Gedanken, mit denen man sich wütend machen kann. Achten Sie einmal darauf, wie das bei Ihnen funktioniert. Im Kern geht es immer darum, dass die Realität anders ist, als man es sich vorstellt. Dazu kommt die Überzeugung, dass dies nicht sein darf und man unbedingt dagegen vorgehen muss. So wird man ein Kämpfer für Gerechtigkeit oder ein Tyrann.

Wenn Sie es wünschen, können Sie aber auch umdenken. Sie können sich sagen: »Die anderen bzw. die Umstände sind nicht so, wie ich mir dies wünsche, aber es geht auch so. Es ist nicht optimal. Ich würde es vorziehen, wenn dies oder jenes anders wäre. Aber auch die anderen haben ihre Interessen und Rechte. Ich tue auch nicht immer das, was die anderen von mir wollen. Leben und leben lassen. Es gibt Dinge, die ich nicht ändern kann und auch nicht ändern muss. Ich, die anderen und die Welt sind unvollkommen. Ich kann damit leben.«

Natürlich können Sie auch manches ändern, was Ihnen nicht passt. Viele Menschen wären sogar besser beraten, nicht immer alles hinzunehmen, sondern sich auch mal aktiv für persönliche oder gesellschaftliche Verbesserungen einzusetzen. Wenn Sie jemand sind, der sich meistens anpasst, könnten Sie damit experimentieren, sich öfter mal quer zu stellen und laut und deutlich zu sagen, was Sie von den anderen wollen. Sind Sie dagegen ein Hans-Kampf-in-allen-Gassen, könnten Sie lernen, die Dinge und Menschen öfter so zu akzeptieren, wie sie sind.

Ob Ihnen das Umdenken gelingt, können Sie daran erkennen, dass Ihre neuen Gedanken Sie beruhigen und ausgeglichener machen. Ob Liebe blind macht, lassen wir mal dahingestellt. Jedenfalls kann Zorn blind machen. Dann fördern Sie nicht mehr Ihre Interessen und Ziele, sondern schaden ihnen. Man handelt effektiver und erreicht seine Ziele besser, wenn man einen kühlen Kopf bewahrt.

2. Die andere Strategie, Wut zu bewältigen, setzt auf der körperlichen Ebene an. Wut aktiviert den Körper, bereitet ihn auf einen Kampf vor. Körperliche Prozesse kommen in Gang, die nur langsam wieder abklingen. Was können Sie mit der Energie tun, die Sie durch Ihre Wut gewinnen? Nutzen Sie sie produktiv. Treiben Sie Sport, bringen Sie Ihren Haushalt in Ordnung, machen Sie Besorgungen.

Lernen Sie außerdem, sich zu entspannen. Ihre Wutbereitschaft wird deutlich abnehmen, wenn sie in Konfliktsituationen locker bleiben können. So, wie es unmöglich ist, Angst zu empfinden, wenn man entspannt ist, ist es auch ausgeschlossen, wütend zu werden, wenn die Muskeln locker bleiben. Angst bereitet auf Flucht, Wut auf Kampf vor. Dazu ist es notwendig, sich anzuspannen, anders zu atmen usw.

Gelassenheit ist eine körperliche Fähigkeit. Üben Sie, sich in alltäglichen Situation, beim Einkaufen, Telefonieren und Autofahren zu entspannen, und Sie werden feststellen, dass Sie Ihre Ziele ohne Zorn und Eifer leichter und auf angenehmere Art und Weise erreichen.

Mit Versuchungen und Ablenkungen umgehen

Es gibt nicht nur unangenehme Hindernisse. In vielen Mythen werden die Helden nicht nur von widrigen Geschehnissen heimgesucht, sondern sie sind auch vielen Verlockungen und Versuchungen ausgesetzt. Egal, ob man widrigen oder verlockenden Hindernissen nachgibt, das Ergebnis ist immer dasselbe: Das Ziel rückt in unerreichbare Ferne. Während unangenehme Probleme sofort als Hindernisse erkannt werden, sind Verlockungen viel heimtückischer. Sie wirken attraktiv und reizvoll, obwohl sie vom eigentlichen Ziel ablenken.

Bei den Versuchungen kann es sich um alles Mögliche handeln, angefangen von interessanten Fernsehsendungen über den gesamten Unterhaltungssektor wie Kino, Theater, Ausstellungen, Bücher, CDs bis hin zu Sonderangeboten, Restaurants, Reisen, Partys, Treffen mit Freunden und Freundinnen. Alles, was für das Auge, das Ohr, die Zunge, die Nase, den Körper, den Geist angenehm ist, kommt als Ablenkung in Frage.

Vielleicht kennen Sie die folgende Situation: Sie möchten etwas Bestimmtes kaufen, und nach dem Einkauf stellen Sie fest, dass Sie alles Mögliche gekauft haben, nur das nicht, weswegen Sie losgegangen sind. Unterwegs haben Sie all die anderen interessanten Sachen gesehen, die Sie unbedingt haben mussten, sodass Sie schließlich weder Zeit noch Geld noch Lust hatten, nach dem ursprünglichen Gegenstand zu suchen.

Sobald ein verlockendes Angebot auftaucht, stecken Sie – bewusst oder unbewusst – in einem Zielkonflikt. Sollen Sie Ihr ursprüngliches Ziel weiterverfolgen oder das neue Angebot annehmen? Nur eine eindeutige Entscheidung hilft Ihnen aus diesem Dilemma. Wägen Sie die kurz- und langfristigen Folgen jeder Entscheidung in positiver und negativer Hinsicht gegeneinander ab. Falls Sie mit Ihrer Intuition gute Erfahrungen gemacht haben, können Sie ihr bei Ihrer Entscheidung folgen. Sie können Freunde fragen, wie die sich an Ihrer Stelle verhalten würden. Die Verantwortung für Ihre Entscheidung tragen Sie allerdings allein. Mithilfe Ihrer Erfahrungen werden Sie immer besser herausfinden, was Ihnen wichtig ist, und die richtigen Prioritäten setzen.

Auch wenn es Ihnen am Anfang schwer fallen sollte: Lernen Sie zu verzichten. Sie können nicht alles haben. Niemand kann das. Sie können nicht gleichzeitig in Paris und Rom sein. Wenn Sie sich für Paris entscheiden und in Gedanken ständig in Rom sind, machen Sie sich selbst unglücklich. Erst wenn Sie loslassen, können Sie sich an dem erfreuen, was Sie haben.

Denken Sie an den Hund, der einen leckeren Knochen im Maul hat und über eine Brücke läuft. Als er von der Brücke hinunterschaut, sieht er im Wasser sein Spiegelbild. Er hält dieses Spiegelbild für einen anderen Hund mit einem noch besseren Knochen und schnappt danach. Dadurch fällt sein Knochen ins Wasser und er steht mit leeren Pfoten da.

Wie Sie nun bereits wissen, sind es nicht die Dinge oder Situationen, die unsere Gefühle auslösen, sondern unsere Gedanken. Deshalb steht es Ihnen frei, Dinge und Situationen wahlweise als attraktiv oder belanglos zu bewerten. Bevor Sie weiterlesen, überlegen Sie einen Moment selbst, was Sie sich sagen müssen, damit Ihnen etwas a) attraktiv und reizvoll oder b) uninteressant und belanglos erscheint.

Die folgenden Gedanken sind geeignet, Verlangen auszulösen: »Das ist eine einmalige Gelegenheit. So eine Chance kommt nie wieder. Das ist toll. Wenn ich nicht sofort zugreife, mache ich einen großen Fehler. Das gefällt mir sehr. Die Vorteile dieser Situation sind folgende: a, b, c, d, e. Ach, wenn ich dies doch haben könnte. Ich wäre für immer und ewig glücklich.«

Wenn Sie etwas ablehnen wollen, müssten Sie dagegen eher denken: »Ja, es ist prima, aber so toll ist es auch wieder nicht. Es gibt die Nachteile a, b, c, d, e. Ich werde es später machen. Solche Gelegenheiten ergeben sich immer wieder. Wenn es wirklich wichtig ist, bekomme ich es später immer noch. Nur das Unwichtige erscheint einmalig. Mein Ziel ist mir wichtiger. Wenn ich jetzt der Versuchung nachgebe, verliere ich sehr viel Zeit und Geld. Es wird einen bitteren Nachgeschmack haben. Ich bin zufrieden mit dem, was ich habe. Egal, ob ich dies bekomme oder nicht, ich habe so viele Möglichkeiten, glücklich zu sein.«

Mittel gegen Unwissenheit

Unwissenheit wird als Hindernis im Allgemeinen unterschätzt. Tatsächlich ist sie aber das Haupthindernis für jedes Ziel; denn alle Hindernisse wären belanglos, wenn man wüsste, wie man sie überwinden kann. Krankheiten wären harmlos, wenn man wüsste, wie man sie heilen kann. Geldmangel wäre kein Problem, wenn man wüsste, wie man Geld bekommen kann. Selbst Kriege würden der Vergangenheit angehören, wenn man wüsste, wie sie zu verhindern sind.

Unwissenheit kann man überwinden, indem man Informationen sammelt und lernt. Wie man Informationen sammelt, habe ich im Kapitel »Machen Sie einen Plan« beschrieben, wie man lernt, im Kapitel »Handeln Sie«.

Trägheit, Bequemlichkeit und Müdigkeit überwinden

Es ist schwer, etwas zu erreichen, wenn man müde ist. Die Aufmerksamkeit leidet darunter. Bewegungen fallen einem schwer. Die Reaktionsbereitschaft ist herabgesetzt. Man wird träge und bequem. Normalerweise fehlt einem nichts als Schlaf, wenn man müde ist. Müdigkeit kann aber auch ein Zeichen allgemeiner mangelnder Fitness sein. Wenn man sich zu wenig bewegt oder falsch ernährt, kommt einem die geistige und körperliche Frische abhanden.

Egal, was man isst, wie man Sport treibt oder wie lange man schläft – das Ziel sollte es sein, sich anschließend frisch und munter zu fühlen. Der Maßstab ist also nicht die Zahl der Kalorien, der Kilometer oder Stunden, sondern die Vitalität, mit der Sie Ihre Aufgaben anpacken können.

Ihr Ziel sollte sein, sich frisch und munter zu fühlen.

Wenn Sie nach dem Sport ausgelaugt, nach dem Essen träge und nach dem Schlafen müde sind, machen Sie irgendetwas falsch. Sie sollten lieber anstreben, sich danach besser und munterer zu fühlen als vorher. Informieren Sie sich, was Sie tun können, und experimentieren Sie mit verschiedenen Möglichkeiten.

Viele Menschen schlafen zu wenig, essen zu viel oder das Falsche und bewegen sich zu wenig. Es gibt allerdings auch einige, die zu viel schlafen, zu wenig essen und sich zu viel bewegen. Es kommt auf das richtige Maß für Sie persönlich an. Außerdem spielt die Qualität der Bewegungen, des Essens und des Schlafs eine Rolle. Wenn Sie sich einen für Sie ungeeigneten Sport aussuchen oder für Sie ungeeignete Nahrungsmittel, schaden Sie sich unter Umständen mehr, als dass Sie sich nützen.

Bewegung, Schlaf und Essen sind individuelle Angelegenheiten. Wenn Sie so unfähige Sportlehrer und Trainer hatten wie ich, dann mussten Sie immer in einer Gruppe Sport treiben. Gruppensport führt dazu, dass die Anforderungen nur für ein paar Leute richtig sind. Die meisten werden dabei über- oder unterfordert. Deshalb trainiert man Ausdauer, Kraft und Beweglichkeit am besten allein.

Genauso ist es bei der Ernährung. Wenn man einer Gruppe dasselbe Essen vorsetzt, sind einige richtig, die meisten aber falsch ernährt.

Hin und wieder findet man in den Medien angeblich wissenschaftlich fundierte Richtlinien, wie viel Schlaf der Mensch braucht. Leider (oder zum Glück) gibt es »den Menschen«

nicht. Das Schlafbedürfnis unterscheidet sich von Mensch zu Mensch und selbst bei einem einzelnen Menschen wechselt es abhängig von der Jahreszeit, dem Wetter, den Temperaturen, dem Licht, der Ernährung, den körperlichen und geistigen Anstrengungen. Deshalb ist die Frage »Wie viel Schlaf braucht der Mensch?« von vornherein falsch gestellt und die Antworten können nicht richtig sein.

»Was soll man essen?« – »Wie wird man fit?« Das kommt darauf an, wer »man« ist. Deshalb möchte ich an dieser Stelle auch noch einmal darauf hinweisen, dass Sie das in diesem Buch vorgestellte Programm nach Ihren Bedürfnissen abwandeln dürfen, können und müssen. Ich liefere Ihnen das Grundgerüst, das Sie individuell auf sich zuschneiden, so, wie Sie es brauchen und wie es für Sie passt.

Für die Erlangung von Vitalität und Energie lauten die drei zentralen Themen: 1. Schlaf und Erholung, 2. Bewegung und Sport und 3. Ernährung. Wenn Sie herausgefunden haben, was Sie diesbezüglich brauchen, haben Sie einen wichtigen Schritt getan, um Bequemlichkeit, Müdigkeit und Trägheit zu überwinden.

Mir fehlt etwas Wichtiges, vor allem Geld – was tun?

Oft kommt man nicht weiter, weil einem irgendetwas fehlt: Geld, Informationen, Werkzeuge, Selbstvertrauen, Motivation oder Übung. Die naheliegendste Lösung besteht darin, sich das Fehlende zu beschaffen. Das Zwischenziel lautet dann: »X beschaffen«. Auch dafür muss man einen Plan machen, ihn umsetzen und auf dem Weg alle Hindernisse meistern. Sobald man X hat, kann man mit dem übrigen Plan weitermachen. Bevor Sie anfangen, sollten Sie aber überlegen, ob Sie das, was

Ihnen zu fehlen scheint, auch wirklich brauchen. Fragen Sie zuerst: »Geht es auch ohne X?«

Häufig meint man voreilig, Geld zu benötigen, um das Ziel zu erreichen. Geld ist aber nur ein Weg unter vielen. Vielleicht kann man das, was man braucht, auch umsonst bekommen. Anstatt etwas zu kaufen, kann man es von jemand ausleihen, sich schenken lassen, es gegen etwas anderes tauschen, selber herstellen oder für wenig Geld gebraucht kaufen. Man kann versuchen, Preise herunterzuhandeln, sich einen Mengenrabatt geben zu lassen, leicht beschädigte, aber gebrauchsfähige Ware günstig zu kaufen oder auf Auktionen oder Zwangsversteigerungen etwas zu erstehen.

Ein Mangel an etwas ist immer auch ein Mangel an Informationen: Wie geht es ohne X? Wo gibt es X? Wo gibt es X umsonst? Beschaffen Sie sich zuerst die nötigen Informationen. Lassen Sie Ihre Kreativität spielen. Not macht erfinderisch. Fragen Sie andere. Verzichten Sie auf X. Finden Sie einen Weg zu Ihrem Ziel ohne X.

Lassen Sie sich also bei einem Mangel von zwei Fragen leiten: 1. Geht es auch ohne X? 2. Wie bekomme ich X?

Selbstbehauptung

Es wäre eine Illusion zu glauben, dass alle anderen Menschen alle unsere Ziele begrüßen. Menschen haben unterschiedliche Interessen und unterschiedliche Ziele. Dabei kommen sie sich zwangsläufig gegenseitig in die Quere. Es nützt dann wenig, sich vorzumachen, dass alle Menschen einander lieben. Wenn das so wäre, bräuchte es das Gebot der Nächstenliebe nicht. Tatsache ist, dass praktisch jeder Mensch bestimmte andere Menschen nicht ausstehen kann. Manche Menschen leben so zurückgezogen, dass sie sich einbilden können, mit allen anderen gut auszukommen, oder sie sprechen nicht darüber, wen sie nicht leiden können. Dadurch kann der Eindruck entstehen, dass sie alle Menschen mögen.

Einige wollen sich nicht eingestehen, dass sie einen Teil ihrer Mitmenschen ablehnen. Ich erinnere mich an ein Buch, in dem der Autor ernsthaft die These vertrat, es sei möglich, alle Menschen zu lieben. Bei einigen freue er sich, wenn sie kämen, bei anderen, wenn sie gingen ... Darauf kann man sich sicherlich einigen. Nur würde ich das als scheinheilig und nicht als Nächstenliebe bezeichnen.

Also quälen Sie sich nicht damit ab, es allen Menschen recht machen und mit allen Verwandten, Nachbarn und Kollegen gut Freund sein zu wollen. Es genügt, wenn Sie ein paar echte Freunde haben und mit den anderen einigermaßen klarkommen.

Sie sollten sich aber in jedem Fall selber ein Freund sein. Sie machen sich das Leben unnötig schwer, wenn Sie sich beschimpfen, bestrafen, herabsetzen und im Stich lassen. Überlegen Sie sich einmal, wie Sie von Ihren Freunden gerne behandelt werden möchten, schreiben Sie es auf und dann fangen Sie konsequent an, sich selber so freundlich zu behandeln, wie Sie es sich von anderen wünschen.

Helfen Sie sich erst einmal selbst. Unterstützen Sie sich selbst, wie es eine gute Freundin tun würde. Dann sind Sie von anderen viel unabhängiger und brauchen Ihre Fahne nicht nach dem Wind zu hängen. Bitten Sie andere erst um Unterstützung, wenn sie allein nicht weiterkommen.

Einige Menschen sind fest davon überzeugt, dass sie unbedingt Freunde und Unterstützung brauchen, um ihre Ziele erreichen zu können. Sie meinen, es alleine auf keinen Fall schaffen zu können. Das stimmt so nicht. Freunde können es einem manchmal sogar schwerer machen, die eigenen Ziele zu erreichen, dann nämlich, wenn ihre Ziele mit den eigenen kollidieren.

Vielleicht streben Sie Ziele an, die die anderen auch gerne erreichen würden. Das könnte den Neid Ihrer Freunde wecken. Warum sollten diese Sie dann aufrichtig unterstützen? Nach dem Ideal einer Freundschaft müssten sie es natürlich tun. Aber wir leben in einer realen Welt und nicht in einer idealen. Also überstrapazieren Sie nicht die Grenzen Ihrer Freunde.

Sogar im professionellen Beratungsbereich müssen Sie mit Neid und Konkurrenz rechnen. Wieso sollte Ihnen ein Therapeut seine uneingeschränkte Unterstützung und Sympathie schenken, wenn Sie sich auf Ziele zubewegen, an denen er selber bisher gescheitert ist? Sein Interesse, von Ihren Niederlagen und Problemen zu hören, dürfte – zumindest unbewusst – umso stärker sein, je erfolgloser er ist. Glauben Sie wirklich, es gäbe unter den Psychotherapeuten nicht auch welche mit Alkohol- und Gewichtsproblemen, Depressionen, Phobien und Zwangsverhalten? Meinen Sie, alle Therapeuten führten glückliche Ehen oder wüssten auch nur, wie man eine führt, seien im Umgang mit anderen selbstsicher und würden ihre Kinder nie misshandeln? Auch Therapeutinnen und Therapeuten sind Menschen, die Probleme haben und nicht immer wissen, dass sie sie haben oder wie sie damit umgehen sollen. Also bleiben Sie kritisch, wenn Sie sich anderen anvertrauen, um Ihre Probleme zu lösen. Würden Sie Englisch von einem Lehrer lernen wollen, der die Sprache nicht richtig beherrscht und selber laufend Fehler macht?

Außer denjenigen, die unfähig sind, Ihnen zu helfen, kann es manchmal auch Menschen geben, die Sie am Erreichen Ihrer Ziele hindern wollen. Die Hauptstrategie, mit Gegnern fertig zu werden, besteht darin, sie so weit wie möglich zu ignorieren. Normalerweise verhalten sich Gegner so wie Gespenster in der Geisterbahn. Unaufhörlich tauchen irgendwelche gruseligen Figuren rechts und links von der Fahrbahn auf. Sie steigen aus Särgen und kommen aus dem Dunkeln. Künstliche Spinnweben streifen über die Gesichter der Fahrgäste. Doch wenn man auf diese Schauergestalten zurast, verschwinden sie im letzten Moment. Sie wollen die Fahrgäste erschrecken, können ihren Weg aber nicht aufhalten. Genauso ist es mit Gegnern. Sie machen im Allgemeinen viel Lärm, aber letztlich können sie Ihnen nichts anhaben, wenn Sie unbeirrt Ihren Weg fortsetzen. Ihre Gegner haben nur eine einzige wirkliche Chance: Sie zu verunsichern und zu entmutigen, sodass Sie Ihr Selbstvertrauen verlieren und aufgeben.

> **Gegner verhalten sich meist wie Gespenster in der Geisterbahn: Im letzten Moment verschwinden sie.**

Falls es nicht ausreicht, Ihre Gegner zu ignorieren, können Sie sich mit anderen verbünden. Manchmal werden Ihre Kräfte allein nicht ausreichen. Dann können Sie sich Verstärkung holen. Tun Sie sich mit Gleichgesinnten zusammen. Unterstützen Sie sich gegenseitig. Dann haben alle etwas davon. Verbündete können Ihnen Schutz gewähren und Ihnen mit Rat und Tat zur Seite stehen. Sie können Sie begleiten, anfeuern, trösten, ermutigen und vieles mehr. Trauen Sie sich, andere um Hilfe zu bitten. Es geht nicht darum, es allein zu schaffen. Es geht darum, dass Sie es überhaupt schaffen.

Manchmal kann es ratsam sein, mit Ihren Gegnern Bündnisse zu schließen. Machen Sie sich zuerst Ihre eigenen Ziele klar. Versuchen Sie, auch die Bedürfnisse und Interessen Ihrer Gegner zu verstehen. Kommen Sie ihnen so weit entgegen, wie das möglich ist, ohne dass Sie Ihre eigenen Interessen und Ziele verraten. Oft gibt es gemeinsame Lösungen, mit denen beide Seiten zufrieden sein können.

Die deutsche Entspannungspolitik unter Willy Brandt kann dafür als Modell angesehen werden. Friedliche Koexistenz trotz unterschiedlicher Ziele und Interessen, Dialog, Wandel durch Annäherung, vertrauensbildende Maßnahmen, Politik der kleinen Schritte – das alles sind geeignete Maßnahmen und Konzepte, um mit Gegnern Verträge zu schließen und friedlich zusammenzuleben.

Reden Sie mit der anderen Seite. Schließen Sie Teilabkommen. Drohen Sie nicht. Erkennen Sie die Interessen der anderen an. Geben Sie Drohungen der anderen Seite nicht nach. Sagen Sie klar und deutlich, was Sie selber wollen. Betonen Sie die gemeinsamen Interessen. Versuchen Sie nicht, die anderen zu ändern. Akzeptieren Sie die Tatsachen, so, wie sie im Moment sind. Besprechen Sie alle wichtigen Fragen mit Ihren Bündnispartnern.

Unabhängig davon, ob Sie Ihre Gegner ignorieren, sich mit ihnen verständigen oder sich Verbündete suchen, ist es unerlässlich, sich selbst behaupten zu können. Selbstbehauptung beginnt damit, über die eigenen Rechte Bescheid zu wissen. Dies können die gesetzlich niedergelegten Rechte sein, aber auch solche, die gesetzlich nicht regelbar sind, zum Beispiel das Recht,

- selbst zu entscheiden, was man für richtig hält
- Fehler zu machen
- eine eigene Meinung zu haben und diese zu ändern, wann immer es einem passt
- das eigene Verhalten nicht zu begründen, zu rechtfertigen oder zu entschuldigen
- selbst zu beurteilen, ob man für die Probleme anderer verantwortlich ist
- etwas nicht zu wissen
- etwas nicht zu verstehen
- sich mit etwas nicht zu befassen und gleichgültig zu sein
- unlogische Entscheidungen zu treffen
- glücklich zu sein.

Zur Selbstbehauptung gehört auch die Fähigkeit,
- ja oder nein zu sagen, wie es einem gefällt
- Kritik angemessen zu äußern

- Kritik angemessen zurückzuweisen
- Komplimente anzunehmen
- Komplimente zu äußern
- Wünsche zu äußern
- andere anzusprechen
- über private Dinge zu sprechen.

Stehen Sie zu sich, so, wie Sie aussehen, sich kleiden, was Sie tun, was Sie fühlen, was Sie denken, mit wem Sie befreundet sind und mit wem nicht, wo und wie Sie leben. Stehen Sie zu Ihrer Vergangenheit, zu Ihrer Familie, Hautfarbe, Sprache, Nationalität, Herkunft, Sexualität, Lebensweise. Sie müssen sich für all das nicht schämen. Sie dürfen so sein, wie Sie sind.

Jeder hat diese Rechte. Deshalb gehört es zur Selbstbehauptung, sie zu kennen, einzufordern, sie zu leben und diese Rechte bei anderen ebenfalls zu respektieren.

Zum Thema »Selbstbehauptung« finden Sie eine Reihe guter Bücher. Ein Klassiker ist *Sage Nein ohne Skrupel* von Manuel J. Smith. Von den neueren Büchern haben mir gefallen *Die etwas intelligentere Art, sich gegen dumme Sprüche zu wehren* von Barbara Berckhan und *Die Kunst der Kampfrhetorik* von Antonia Cicero und Julia Kuderna. Damit dürfte es Ihnen gelingen, anderen in verbalen Auseinandersetzungen Paroli zu bieten, vorausgesetzt, dass Sie die entsprechenden Techniken, beispielsweise in Vorstellungsübungen oder im Rollenspiel, genügend üben. Eine Empfehlung wert ist auch *Zivilcourage wagen. Wie man lernt, sich einzumischen* von Kurt Singer.

Üben Sie außerdem Ihre Fähigkeit, zu verhandeln und zu vernünftigen Ergebnissen für beide Seiten zu kommen. Dabei können Ihnen die Bücher *Das Harvard-Konzept* von Roger Fisher, William Ury, Bruce Patton, *Das Arbeitsbuch zum Harvard-Konzept* von Roger Fisher, Danny Ertel und *Wie Sie errei-*

chen, was Sie wollen. Der sichere Weg zum Verhandlungserfolg von Kare Anderson helfen.

Manche Menschen scheinen sich wohl zu fühlen, wenn sie sich in einer feindseligen Umgebung behaupten müssen. Andere dagegen mögen lieber ein freundliches Milieu. Suchen Sie sich die Umgebung, die am besten zu Ihnen passt. Es bringt nichts, sich an negativ eingestellten Menschen abzuarbeiten, wenn Sie Ihre Ziele in einer anderen Umgebung mühelos verwirklichen können. Jede Pflanze braucht die ihr gemäßen Umweltbedingungen, um gedeihen und blühen zu können. Wenn die äußeren Bedingungen nicht stimmen, reicht es vielleicht zum Überleben, aber Wachstum und Blüten sind dann unmöglich. Menschen sind in dieser Hinsicht nicht anders als Pflanzen. Sie haben aber den Vorteil, sich eine passende Umgebung aussuchen zu können. Nutzen Sie also Ihre Beweglichkeit. Die Welt hält viele Möglichkeiten bereit. Ein paar davon sind genau auf Sie zugeschnitten.

Misserfolge bewältigen

Misserfolge sind kein Hindernis auf dem Weg zum Ziel. Hinderlich kann aber die Reaktion auf Misserfolge sein. Es geht etwas schief. Na und? Wo ist das Problem? Sie machen einfach weiter. Je öfter Sie es versuchen, desto wahrscheinlicher wird Ihr Erfolg.

Machen Sie nach Misserfolgen weiter.

Thomas Alva Edison war sicherlich einer der größten Erfinder in der Geschichte der Menschheit. Er ist auch für seine unbeirrbare Art bekannt, nach jedem Misserfolg einfach weiterzumachen. Ihm sind einmal seine Labors und Produktionsstätten abgebrannt. Anstatt in Depressionen zu versinken, das Schicksal zu beklagen und sein Lebenswerk als zerstört anzusehen, hat er dieses Ereignis als eine Chance genommen, noch einmal neu anzufangen. Als ihn jemand auf seine vielen Fehlschläge bei der Entwicklung neuer Erfindungen angesprochen hat, soll er geantwortet haben: »Wieso Fehlschläge? Ich habe 10 000 Möglichkeiten gefunden, wie es nicht funktioniert.« Machen Sie sich diese Einstellung zu Eigen. Dumme Sprüche wie »Es gibt keine zweite Chance für einen ersten Eindruck« ignorieren Sie einfach. Es gibt immer eine zweite Chance, vorausgesetzt Sie selber geben sich eine.

Wenn Sie sich bei der Realisierung eines Plans fragen, wie oft Sie es versucht haben, werden Sie im Allgemeinen überrascht sein, wie wenig Sie bisher unternommen haben. Es ist erstaunlich, wie schnell wir Erfolge erwarten. Wir glauben allen Ernstes, es würde reichen, es ein einziges Mal zu versuchen. Wenn es dann auch beim zweiten oder dritten Mal nicht klappt, geben wir auf. Mit so einer Einstellung hätten wir niemals Laufen gelernt. Also gehen Sie davon aus, dass Sie es in der Regel zehnmal, bei größeren Projekten hundertmal und bei ganz großen Zielen zehntausendmal versuchen müssen, mindestens! Dann werden Sie angenehm überrascht sein, wenn es schon beim 73. Mal funktioniert. Es ist wie immer eine Frage des Vergleichs. Wenn Sie von zwei Versuchen ausgehen und es »erst« beim 98. Mal schaffen, kommen Sie sich wie ein Versager vor. Nehmen Sie aber von vornherein an, 200 Versuche unternehmen zu müssen, werden Sie sich für einen Meister halten, wenn Sie »schon« beim 64. Mal Erfolg haben.

Jeder Misserfolg testet Ihre Motivation, Ihre Lernbereitschaft und Ausdauer. »Willst du das wirklich?« Sie können Nein sagen und es dabei belassen. »Bist du bereit, es zu lernen?« Sie können erklären, dass Ihnen ein Misserfolg reicht. »Wie lange können wir mit dir rechnen?« Sie können sagen, dass Sie jetzt schon genug haben und sich lieber mit anderen Sachen beschäftigen.

Jeder Misserfolg testet ebenso Ihren Glauben an den Erfolg. Wenn man nach dem dritten Mal aufgibt, kann es daran liegen, dass man es letztlich nicht für möglich hält, ans Ziel zu gelangen. Jeder Fehlschlag enthält also auch die Frage »Glaubst du wirklich, dass du es schaffen wirst?«. Vielleicht braucht man einfach eine Rechtfertigung, um aufhören zu können: »Ich habe es versucht. Es geht nicht.« Da im Allgemeinen niemand fragt: »Wie oft hast du es denn versucht?«, kommt man leicht damit durch. »Ja, wenn du es versucht hast, dann geht es eben nicht.« Bedenken Sie aber, dass Sie vielleicht nur einen einzigen weiteren Versuch hätten machen müssen, um Ihr Ziel zu erreichen. Denken Sie daran, wenn Sie das nächste Mal aufgeben wollen.

Achten Sie darauf, wie Sie auf einen Misserfolg reagieren. Was geht Ihnen dabei durch den Kopf. Welche Fantasien entwickeln Sie? Wie reden Sie mit sich selber? Besonders wenn Sie sich nach einer Niederlage schlecht fühlen, ist eine Betrachtung der Gedanken hilfreich. Pessimistische Gedanken führen zu Depressionen: »Ich werde es nie schaffen. Immer geht alles schief. Was bin ich doch für ein Versager. Meine Eltern und Lehrer hatten Recht. Ich werde es nie zu etwas bringen. Lass es lieber. Es hat sowieso keinen Sinn.« So oder so ähnlich muss man denken, um sich schlecht zu fühlen.

Stellen Sie in diesem Fall Ihre pessimistischen Gedanken in Frage: »Stimmt, dieses Mal ist es schief gegangen. Aber wo ist der Beweis, dass ich es nie schaffen werde? Dass ich mich schlecht fühle, ist kein Beweis für zukünftige Niederlagen, sondern die Folge meiner pessimistischen Gedanken. Geht wirklich »immer« »alles« schief? Einiges misslingt mir (so wie jedem Menschen), aber vieles bekomme ich prima hin. Was heißt hier Versager? Versager ist jemand, der nie etwas zustande bringt. Wer bei allem 100 Prozent Misserfolg hätte, wäre im Übrigen schon wieder ein absoluter Meister. In Wirklichkeit schafft es niemand, 100 Prozent Erfolg oder Misserfolg zu haben. Haben meine Eltern Recht? Nein, sie sagen oft viel Ungerechtes über mich. Es lohnt sich nicht, auf sie zu hören.«

Stellen Sie sich beim Überprüfen Ihrer Gedanken immer wieder zwei Fragen:
1. Wo sind die Beweise für meine Behauptungen?
2. Hilft mir das weiter, so zu denken?

Sie können noch mehr tun: Denken Sie an alles, was Ihnen heute und in der Vergangenheit gelungen ist. Achten Sie auf die vielen kleinen Erfolge wie Mahlzeiten zubereiten, rasieren, Schuhe zubinden usw. Das ist nicht lächerlich. Es gibt Leute, die das nicht können, was Sie können.

Denken Sie an alles, was Ihnen heute und in der Vergangenheit gelungen ist.

Halten Sie sich außerdem Folgendes vor Augen:
1. Das Gesetz der Wahrscheinlichkeit arbeitet für Sie. Je öfter Sie es versuchen, desto wahrscheinlicher wird der Erfolg.
2. Andere haben es auch geschafft. Was die anderen können, können Sie auch. Wenn es noch niemand geschafft hat, können Sie die Erste sein.
3. Es reicht, wenn es das, was Sie suchen, nur ausnahmsweise gibt.
4. Nicht die Misserfolge machen unglücklich, sondern die Gedanken über die Misserfolge. Gedanken kann man ändern.
5. Niederlagen sind belanglos. Ihre Reaktion auf die Fehlschläge ist wichtig. Sie können aufgeben oder weitermachen.

Perfektionismus überwinden

Perfektionismus kann ein großes Hindernis darstellen. Anstatt das Projekt abzuschließen und das nächste zu beginnen, werkelt man vielleicht an irgendwelchen Details, um diese perfekt zu machen. Dabei verliert man leicht die Übersicht. Vor allem kann man auf diese Weise extrem unproduktiv werden. Je perfektionistischer, desto unproduktiver. Sehen Sie sich die Natur an. Sie ist enorm produktiv. Ständig bringt sie neue Formen und Variationen hervor. Einiges gelingt, anderes nicht. Perfektion entsteht – wenn überhaupt – gelegentlich, im Laufe des Produktionsprozesses.

»Allzu gut ist halb liederlich«, heißt ein altes Sprichwort. Es bedeutet, dass Resultate sich ins Gegenteil verkehren, wenn man den Ehrgeiz übertreibt. Die Dinge werden ab einem gewissen Punkt nicht besser, sondern schlechter. Perfektionisten kennen bei einer Zahl die fünfte Stelle hinter dem Komma, aber nicht die Zahl vor dem Komma. Sie wissen die Ausnahme der Ausnahme, aber nicht die Regel. Perfektionisten können Ihnen auf Anhieb sagen, was an einer Sache nicht stimmt, aber sie sind blind für das, was gut ist.

Perfekte Ziele sind unerreichbar, perfekte Pläne nicht durchführbar. Die Sorge, etwas nicht perfekt zu können, hält manche Menschen davon ab, überhaupt anzufangen. Jeder Lernprozess setzt Unvollkommenheit voraus. Man beginnt bei null und verbessert sich dann langsam, Schritt für Schritt.

Die wichtigste Strategie gegen Perfektionismus besteht darin, Unvollkommenheit zu akzeptieren. Machen Sie sich klar, dass es auch so geht. Alle Menschen sind unvollkommen, die ganze Welt ist es. **Akzeptieren Sie Unvollkommenheit.** Sonst gäbe es keinen Platz für Verbesserungen. Und das Überraschende ist, dass es trotz aller Unzufriedenheit, trotz aller Kritik an der Realität, auch unvollkommen geht.

Die Dinge selbst sind übrigens nicht unvollkommen. Erst wenn man sie an einem Ideal misst, erscheinen sie unvollkommen. Erst wenn man darauf besteht, dass sie perfekt sein müssten, entsteht Unzufriedenheit. Genauso gut kann man die jeweilige Realität mit schlechteren Alternativen vergleichen. Dann stellt man fest, dass Vieles erstaunlich gut funktioniert.

Nehmen Sie einmal an, Sie hätten außer den Schwierigkeiten, die Sie sowieso plagen, noch ein paar schlimme Krankheiten, Ärzte und Krankenhäuser wären unerreichbar, es herrschte Krieg im Land, Sie müssten in einem ständig heißen, sehr feuchten Klima leben und sich vor giftigen Schlangen und Schwärmen aufdringlicher Insekten schützen – dann haben Sie es doch eigentlich ganz gut, oder?

Stellen Sie Ihre perfektionistischen Gedanken in Frage und lernen Sie, sich zu entspannen. Perfektionisten sind nämlich entsetzlich angestrengt und verspannt. Tole-

Gestehen Sie sich und anderen Fehler zu.

ranz und Gelassenheit wirken hier Wunder. Erlauben Sie sich und anderen Fehler. Verzeihen Sie der Welt, dass sie trotz aller Anstrengungen der Menschheit immer noch so unvollkommen und immer noch im Werden ist. Sehen Sie über die Mängel hinweg und konzentrieren Sie sich auf alles, was schon gelungen, erfreulich und schön ist.

Träume sind für einige Menschen interessanter und anziehender als die »hässliche« Realität. Falls Sie zu diesen Menschen gehören, seien Sie froh, dass Sie die Fähigkeit dazu haben. Träume sind in Ordnung. Gehen Sie noch einen Schritt weiter: Genießen Sie auch die Realität. Sie hat eine Qualität, die Ihnen Träume nicht bieten können. Sie können sich beispielsweise ein wunderbares, über alle Maßen köstliches Essen vorstellen, aber die Fantasie kann Sie nicht satt machen. Ein unvollkommenes mittelmäßiges Alltagsessen ist dazu in der Lage und damit ist es in seiner Art perfekt. Was meinen Sie?

Mittel gegen Stress

Stress muss nicht unbedingt ein Hindernis sein. Man kann sein Ziel auch unter Mühen und Strapazen erreichen. Aber der Weg ist dann unnötig unangenehm. Außerdem ruiniert man dabei seine Gesundheit, wenn man über längere Zeiträume gestresst ist. Deshalb ist es besser, etwas gegen den Stress zu tun. Mit Stress ist im allgemeinen Sprachgebrauch Überlastung gemeint, zu viel Druck, zu viel Beanspruchung, einfach mehr, als man ertragen kann. Die entscheidende Frage ist: »Was kann man dagegen tun?«

Stress ist ein individuelles Geschehen. Zwar gibt es Situationen, in denen jeder überfordert ist, zum Beispiel bei Lärm ab einer gewissen Lautstärke, aber wann dieser Punkt für den Einzelnen erreicht ist, hängt von seiner individuellen Belastbarkeit ab.

Stress an sich ist genauso wenig ein Problem wie Schmerz. Es handelt sich um ein Warnsignal des Körpers. Wenn man darauf angemessen reagiert, verschwinden Schmerz und Stress sehr schnell. Da Stress durch eine Überbelastung verursacht wird, helfen zwei Strategien: Sie können sich entweder entlasten oder trainieren, um belastbarer zu werden. Kurzfristig hilft nur die erste Strategie. Auf Dauer kann es aber ratsam sein, die Belastbarkeit zu erhöhen.

Nehmen wir einmal an, Sie legen seit vielen Jahren jede Entfernung, auch die kleinste, mit dem Auto zurück. Wenn Sie das erste Mal wieder zu Fuß gehen, kommen Sie schnell an eine Grenze. Sie liegt vielleicht bei fünfhundert Metern. Jeder weitere Meter bereitet Ihnen dann Stress. Sie sind nach der langen **Verlangen Sie nicht zu viel von sich.** Entwöhnung ab fünfhundert Meter Fußweg überlastet. Ihr Körper, Ihre Gefühle, Ihr Empfinden signalisieren Ihnen: »Hör auf.« Je weiter Sie jetzt noch gehen, desto stärker werden die Stressreaktionen. Deshalb ist es am besten, sich zu entlasten, und für dieses Mal aufzuhören. Sie erholen sich und es geht Ihnen schnell wieder besser.

Jeden Tag können Sie ein bisschen weiter gehen, ohne sich überlastet zu fühlen. Die Betonung liegt auf »ein bisschen«. Falls Sie Ihr Training übertreiben, fühlen Sie sich sofort wieder gestresst. Ihre Kräfte und damit Ihre Belastbarkeit nehmen langsam zu. Wenn Sie dieses Training fortsetzen, können Sie irgendwann locker fünf oder zehn Kilometer gehen. Sie haben sich an die Belastung gewöhnt.

Dasselbe gilt praktisch für jede Erfahrung. Jemand, der sehr ruhig gelebt hat, braucht eine Weile, sich an den Lärm und die Geschwindigkeit einer Großstadt zu gewöhnen. Am Anfang wäre es ratsam, sich immer wieder zurückzuziehen und sich Stille und Abgeschiedenheit zu gönnen. Es ist ein individuelles Wechselspiel von Belastung und Entlastung, das dazu führt, sich immer besser an veränderte Umstände anzupassen.

Problematisch wird es nur, wenn man sich bei zunehmenden Belastungen nicht erholen kann oder will. Heute neigen die Menschen dazu, zu viel von sich zu erwarten. Sie geben sich nicht die Zeit, um sich an Belastungen langsam zu gewöhnen. Manche glauben, auf Erholung ganz verzichten zu können. Darauf reagiert der Körper erst mit Stress-Symptomen und schließlich mit immer ernsteren Erkrankungen. Stressbedingte Krankheiten und Unfälle erzwingen dann die Ruhe, die ein Mensch sich freiwillig nicht geben will.

Falls Sie sich nicht trauen, sich die Erholung zu gönnen, die Sie persönlich brauchen, weil Sie bei anderen nicht als Schwächling gelten wollen, und es Ihnen daher schwer fällt, Ihr Recht auf Erholung durchzusetzen, machen Sie ein Selbstsicherheitstraining. Lesen Sie dazu noch einmal den Abschnitt »Selbstbehauptung«.

Gewohnheiten ändern

Neue Ziele erfordern manchmal neues Verhalten. Das ist an sich kein Problem. Wenn da nicht die alten Gewohnheiten wären, die es einem schwer machen, sich zu ändern. Wer alte Gewohnheiten ablegen und neues Verhalten lernen will, muss zunächst einmal eine klare Vorstellung davon haben, wie er sich in Zukunft verhalten will. Wenn man sich zum Beispiel mehr bewegen will, muss man zunächst überlegen, was das konkret heißen soll. Man könnte beschließen, in Zukunft an Stelle der Rolltreppen und Fahrstühle immer die Treppen zu benutzen. Am Anfang wird man es ab und zu vergessen, besonders wenn man in Gedanken ist und unbewusst in die alten Gewohnheiten zurückfällt. Deshalb ist es notwendig, eine Zeit lang, etwa drei bis sechs Wochen, auf den Weg zu achten und jedes Mal die Treppe zu benutzen, wenn man an einen Fahrstuhl oder eine Rolltreppe kommt. Man lernt etwas Neues. Dafür braucht man Aufmerksamkeit. Das Unterbewusstsein kann nur Gewohnheiten wiederholen, aber keine neuen Programme bilden. In etwa drei bis sechs Wochen hat man dann die neue Gewohnheit etabliert. Man wird von nun an automatisch die Treppen benutzen.

Im Prinzip ist es also relativ einfach, neues Verhalten zu erlernen. Man kann es sich aber auch schwer machen. Lassen Sie uns das einmal näher ansehen. Dann werden Sie besser verstehen, warum es Ihnen manchmal schwer fällt, sich zu ändern, und warum manche Menschen unfähig scheinen, sich anders als bisher zu verhalten.

Schwer wird es immer dann, wenn man keine Vorstellung davon hat, wie das neue Verhalten aussehen soll. Wenn man sich entscheidet, nicht mehr so viel herumzusitzen, ist noch nicht klar, was man an Stelle des Herumsitzens tun will. Wenn man keine konkrete Alternative hat, wird man so weitermachen wie bisher.

Das ist ein Kardinalproblem. Man sagt zwar: »So nicht weiter«, aber ist trotzdem gezwungen, den alten Gewohnheiten zu folgen, bis man eine genaue Vorstellung von einem anderen Verhalten entwickelt. Raucher scheitern, wenn sie sich lediglich vornehmen, nicht mehr zu rauchen, Alkoholiker trinken weiter, wenn sie nur beschließen, nicht mehr zu trinken. Die Frage, was sie in den Situationen, in denen Sie bisher geraucht und getrunken haben, stattdessen tun wollen, bleibt nämlich unbeantwortet.

Erst wenn man Handlungsalternativen aufbaut, zum Beispiel »Wenn ich angespannt bin, zünde ich mir keine Zigarette an, sondern achte ein paar Minuten auf meinen Atem, insbesondere darauf, dass ich langsam und tief ausatme.« »Wenn ich Probleme habe, greife ich nicht zur Alkoholflasche, sondern rede mit einem Freund«, erst dann ist man einen Schritt weiter.

Schwer wird es auch dann, wenn man keine guten Gründe hat, neue Gewohnheiten zu bilden. Es reicht nicht, dass Verwandte und Freunde einem ins Gewissen reden. Man muss eine eigene Motivation aufbauen. Fangen Sie erst an, sich zu ändern, wenn Sie mindestens einen sehr guten Grund für Ihre Änderung gefunden haben.

Selbst wenn man weiß, was man tun will und warum, kann es einem immer noch passieren, dass man einfach vergisst, die guten Vorsätze in die Tat umzusetzen. Was einem jetzt noch fehlt, sind Aufmerksamkeit und Übung. Am Anfang muss man sich die ganze Zeit daran erinnern, was man sich vorgenommen hat. Das kann etwas mühsam sein, weil man im Alltagstrott nicht einfach vor sich hin träumen darf, aber es lohnt sich. Denken Sie daran, wie Eltern ihre kleinen Kinder im Alltag trainieren. Die Eltern übernehmen den aufmerksamen Part, wenn ihre Kinder sich ablenken lassen, und erinnern sie immer wieder an das zu lernende Verhalten (»Schau nach vorn, wenn du gehst.« – »Sieh erst nach links und dann nach rechts, bevor du über die Straße gehst.« – »Erst die Leute aussteigen lassen, bevor du in den Bus einsteigst.«). Als Erwachsener müssen Sie den aufmerksamen Teil selbst übernehmen und sich allein daran erinnern, was Sie tun wollen.

Es erleichtert und verkürzt den Lernprozess, wenn Sie zusätzlich mental, also in Gedanken üben. Dabei entstehen die Gedankenverbindungen, die Sie brauchen, um Ihr neues Verhalten sicher in den Alltag einzufügen. Nehmen Sie sich täglich die Zeit dafür.

Durch mentales Training lassen sich Lernprozesse abkürzen.

Wenn Sie die Trainingsphase nicht ernst nehmen, werden Sie immer wieder frustriert feststellen, dass Sie in alte Gewohnheiten zurückfallen. Sie brauchen dann mehr Zeit als nötig. Rechnen Sie bei aufmerksamem Training mit drei bis sechs Wochen. Manchmal dauert es länger, wenn das neue Verhalten sehr komplex ist.

Gehen Sie nicht davon aus, dass Ihnen das neue Verhalten sofort leicht fallen wird. Der Anfang kann ausgesprochen schwierig sein. Sie können es sich aber leichter machen, indem Sie am Anfang nur irgendeine Kleinigkeit in Ihrem Verhalten ändern. Eine Kleinigkeit genügt vollkommen. Von diesem Punkt aus können Sie später weitergehen und weitere Kleinigkeiten hinzufügen. Nehmen Sie sich nicht zu viel vor. Mehr ist weniger, weniger ist mehr. Achten Sie auf Ihre Toleranzgrenzen. Bauen Sie Ihr neues Verhalten langsam auf.

Erinnern Sie sich an den Abschnitt »Mittel gegen Stress«. Neues Verhalten kann am Anfang belastend sein. Deshalb machen Sie es sich so leicht wie möglich, aber auch nicht leichter. Wenn Sie zu viel auf einmal wollen, kann der Stress zu groß werden und Sie hören ganz auf. Dann stehen Sie wieder am Anfang. Statt mehr haben Sie gar nichts geschafft, statt schneller kommen Sie langsamer voran.

Es kann sein, dass Sie auf weitere Hindernisse stoßen, wenn sie anfangen, sich anders als bisher zu verhalten. Vielleicht machen Sie sich gelegentlich Angst oder deprimieren sich. Vielleicht kritisieren andere Sie, weil sie nun gezwungen sind, sich auf Ihr neues Verhalten einzustellen. Das ist für die anderen ähnlich schwer wie für Sie. Lassen Sie sich nicht beirren, sondern bleiben Sie auf Kurs, wenn Sie erkannt haben, dass das neue Verhalten gut für Sie ist.

Vor allem möchte ich Ihnen einen freundlichen und verständnisvollen Umgang mit sich selbst ans Herz legen, wenn Sie etwas Neues lernen. Mark L. Brenner beschreibt in seinem Buch *Positiv erziehen. Konsequent bleiben, ohne autoritär zu sein* ausführlich, wie Eltern ihren Kindern auf eine partnerschaftliche, freundliche Art und Weise Selbstdisziplin und Selbstkontrolle beibringen können.

Diesen freundlichen Umgang können Erwachsene ebenfalls gebrauchen, wenn sie vor der Situation stehen, etwas nicht mehr zu bekommen, was ihnen bisher gefallen hat. Das trifft manchmal auch auf alte Gewohnheiten zu. Es kann schwer fallen, auf sie zu verzichten; denn sie mögen einem vielleicht schaden, aber in gewisser Weise sind sie einem so vertraut, dass man sie kaum missen möchte.

Ich schildere im Folgenden, wie eine Mutter einem kleinen Kind klarmacht, dass es kein Eis mehr bekommen kann. Dieses Beispiel stammt aus dem oben erwähnten Buch. Die einzelnen Schritte habe ich leicht abgewandelt. Das Kind weint oder ist wütend, weil es kein Eis bekommt, obwohl es eines möchte. Die Mutter sagt:»Ich verstehe, dass du ein Eis möchtest. Ich wünschte, ich könnte dir eines geben. Aber es ist keines mehr da. Sieh selbst (zeigt ihm das leere Tiefkühlfach). Ich weiß, dass du das verstehen kannst. Du kannst statt Eis einen Apfel oder ein Bonbon bekommen.«

Das Bemerkenswerte an dieser Kommunikation ist, dass die Mutter an keiner Stelle willkürlichen Zwang ausübt, sondern dem Kind lediglich vermittelt, dass man im Leben leider nicht immer alles bekommen bzw. tun kann, was man gerne möchte. Allerdings ist alles halb so schlimm, weil es gute Alternativen gibt.

Zunächst zeigt sie Verständnis und Mitgefühl. Sie steht auf der Seite des Kindes. Sie begründet ihr Nein, beweist ihre Aussage und appelliert an die Fähigkeit des Kindes zur Selbststeuerung. Schließlich bietet sie ihm Alternativen und lässt ihm die freie Auswahl.

Es ist relativ einfach, dieses Beispiel auf Erwachsene zu übertragen, zum Beispiel auf eine Person, die – sagen wir – 50 Kilo Übergewicht hat und neue Essgewohnheiten lernen möchte. Das einfühlsame Selbstgespräch könnte sich so anhören: »Ich verstehe, dass du gerne noch fünf weitere Stücke von der leckeren Sahnetorte essen möchtest. Ich wünschte, es würde dir gut tun. Aber du bist einfach zu dick. Sieh selbst (stellt sich vor einen großen Spiegel). Ich weiß, dass du das verstehen kannst. Statt noch fünf Stück Sahnetorte zu essen, könntest du ein trockenes Brötchen haben oder in der Videothek einen Spielfilm aussuchen.«

Wer bisher ein bequemes, wenig aktives Leben bevorzugt hat, könnte so mit sich reden: »Ich verstehe, dass du gerne weiter einfach im Sessel sitzen möchtest. Ich wäre froh, wenn du deine Ziele so erreichen könntest. Aber du bist die letzte Woche auf diese Weise keinen Schritt weitergekommen. Sieh selbst (guckt ins Tagebuch). Ich weiß, dass dir das klar ist. Du könntest jetzt sofort die Aktivität X, Y oder Z beginnen und dich nach jeweils 20 Minuten 5 Minuten ausruhen. Heute Abend kannst du fernsehen oder einfach auf dem Bett liegen.«

Es ist schwer genug, sich zu ändern. Warum sollte man sich dann noch unfreundlich behandeln? Der einfühlsame verständnisvolle Umgang mit sich selbst kann den Aufbau neuer Gewohnheiten sehr erleichtern. Falls es nötig ist, sich anders zu verhalten als bisher, können Sie es auf diese Weise schaffen.

Nicht aufschieben

Sie können immer einen Grund finden, heute nichts für Ihr Ziel zu tun. Weil es heute regnet, weil Sie nicht in der richtigen Stimmung sind, weil es morgen besser passen würde, weil es doch keinen Sinn hat, weil, weil, weil. Alle in diesem Kapitel genannten Hindernisse sind Gründe, das Handeln in die Zukunft zu verlegen, weil Sie heute

- zu viel Angst haben und sich nicht trauen
- keine Lust haben
- etwas Besseres vorhaben
- keine Idee haben, wie Sie weiterkommen können
- zu müde sind
- nicht das haben, was Sie brauchen, um anzufangen oder weiterzumachen
- sich gegen die anderen nicht durchsetzen können
- nicht schon wieder einen Misserfolg erleben wollen
- nur ein mittelmäßiges Ergebnis erzielen könnten
- zu viel Stress haben
- etwas Neues lernen müssten.

Probleme sind kein Grund, nichts zu tun! Wenn Sie sonst nichts tun können, so können Sie doch immer anfangen, Ihre Probleme zu lösen. Sie können

- lernen, Ihre Ängste zu überwinden
- Ihre Unlust ignorieren oder sich in eine bessere Stimmung versetzen
- aufhören, sich zu ärgern
- die Ablenkungen auf später verschieben
- andere fragen, wie Sie weiterkommen können
- heute Abend früher ins Bett gehen und sich ausschlafen
- das beschaffen, was Sie brauchen, oder darauf verzichten
- lernen, sich gegenüber anderen zu behaupten
- Misserfolge ignorieren oder daraus lernen

- sich mit durchschnittlichen Leistungen zufrieden geben
- mit Stress umgehen lernen
- Ihre störenden Gewohnheiten ändern.

Sie können jedes Problem lösen, das Ihnen begegnet! Konzentrieren Sie sich auf Ihr Ziel und tun Sie irgendetwas, was Sie weiterbringen könnte. Setzen Sie jedem Aber ein Aber entgegen:

Aber es könnte schief gehen. – Aber es könnte auch gelingen.

Aber ich habe keine Lust. – Aber ich könnte Lust bekommen, wenn ich erst mal angefangen habe.

Aber es ist so schwer. – Aber es wird leichter werden.

Aber ich habe Angst. – Aber ich kann diese Angst ertragen.

Aber die anderen sind so gemein. – Aber das ist mir egal.

Aber es ist mir nicht egal. – Aber es könnte mir egal sein.

Bevor Sie gar nichts tun, machen Sie irgendeine Kleinigkeit. Es ist besser, etwas zu tun, als nichts. Wann immer Sie in Versuchung sind, Ihr Handeln aufzuschieben, halten Sie sich Ihr Ziel und Ihre Motivation vor Augen. Sie haben dann die Wahl, etwas zu tun, um sich dem Ziel zu nähern, stehen zu bleiben oder sich sogar von Ihrem Ziel zu entfernen. Diese Entscheidung kann Ihnen niemand abnehmen. Wenn Sie sich jedoch ein Ziel ausgesucht haben, das Sie wirklich gerne realisieren möchten, werden Sie sich in den meisten Fällen gegen das Aufschieben und für sofortiges Handeln entscheiden.

Zusammenfassung

Ich möchte zum Schluss noch einmal die fünf Schritte nennen, mit deren Hilfe Sie Ihre Ziele erreichen können:

1. Setzen Sie sich ein Ziel.
Am wichtigsten ist, dass Ihnen dieses Ziel viel bedeutet, Ihre Bedürfnisse erfüllt und Sie sich darauf freuen.

2. Motivieren Sie sich.
Indem Sie sich ein Ziel gesetzt haben, auf das Sie sich freuen, haben Sie den Grundstein zu Ihrer Motivation gelegt. Sie brauchen sich nur an Ihr Ziel zu erinnern, um die Freude wiederaufleben zu lassen. Diese Vorfreude motiviert Sie immer wieder, alles Notwendige zu tun.

3. Machen Sie einen Plan.
So, wie Ihr Ziel zunächst nur in Ihrer Fantasie existiert, so entstehen auch die einzelnen Schritte zur Realisierung zuerst in Ihrem Kopf.
Eine Architektin fertigt Zeichnungen an und baut Modelle. Wenn sie sich sicher ist, dass das Haus genau so entstehen soll, wie sie es sich ausgedacht hat, überlegt sie alle Schritte zur Realisierung Ihrer Vorstellung.

4. Handeln Sie in kleinen Schritten.

Schritt für Schritt setzen Sie Ihren Plan in die Realität um. Ihr Ziel wird nach und nach für Sie selbst und andere sichtbar.

Die Architektin beauftragt jetzt die Lieferanten und Handwerker. Sie kontrolliert die Einhaltung aller Pläne, einschließlich der Zeitpläne.

5. Überwinden Sie auftauchende Hindernisse.

Probleme sind normal. Jeder hat welche. Für jedes Problem gibt es eine Lösung. Diese muss man finden. Das ist nicht immer einfach, aber Ihr Ziel ist alle Anstrengungen wert. Das heißt nicht, dass es die ganze Zeit anstrengend sein muss. Im Gegenteil: Machen Sie sich den Weg zu Ihrem Ziel so angenehm wie möglich.

Ich danke Albert Ellis, Aaron T. Beck, David Burns, Gary Emery, Barbara Sher und allen, die zum Entstehen dieses Buches beigetragen haben.

Ich danke Ihnen für Ihr Interesse an diesem Buch. Mögen alle Ihre Wünsche in Erfüllung gehen und Sie glücklich sein.

Literatur

Anderson, Kare: *Wie Sie erreichen, was Sie wollen. Der sichere Weg zum Verhandlungserfolg.* Frankfurt/Main 1994

Axt, Peter/Axt-Gadermann, Michaela: *Vom Glück der Faulheit. Langsame leben länger. So teilen Sie Ihre Lebensenergie richtig ein.* München, 3. Aufl. 2001

Berckhan, Barbara: *Die etwas intelligentere Art, sich gegen dumme Sprüche zu wehren. Selbstverteidigung mit Worten. Ein Trainingsprogramm.* München, 14. Aufl. 2000

Bergermann, Winfried: *Focusing. Anleitung zur ganzheitlichen Selbsthypnose.* Heidelberg 2000

Brenner, Mark L.: *Positiv erziehen. Konsequent bleiben, ohne autoritär zu sein.* Freiburg im Breisgau, 3. Aufl. 2001

Burns, David D.: *Feeling Good. The New Mood Therapy.* New York 1999

Burns, David D.: *The Feeling Good Handbook.* New York 1986

Cicero, Antonia und Kuderna, Julia: *Clevere Antworten auf dumme Sprüche. Killerphrasen kunstvoll kontern. Powertalking in Aktion.* Paderborn 2001

Ellis, Albert: *Training der Gefühle. Wie Sie sich hartnäckig weigern, unglücklich zu sein.* Landsberg am Lech, 3. Aufl. 2000

Emery, Gary: *Rapid Relief from Emotional Distress.* New York 1987

Fisher, Roger/Ury, William/Patton, Bruce M.: *Das Harvard-Konzept: Sachgerecht verhandeln – erfolgreich verhandeln.* Frankfurt/Main, 20. Aufl. 2001

Fisher, Roger/Ertel, Danny: *Arbeitsbuch Verhandeln. So bereiten Sie sich schrittweise vor.* Frankfurt/Main 1997

Gendlin, Eugene T./Wiltschko, Johannes: *Focusing in der Praxis. Eine schulenübergreifende Methode für Psychotherapie und Alltag.* Stuttgart 1999

Goldman, Connie/Mahler, Richard: *Es ist nie zu spät für einen neuen Anfang. Über die Kunst, im Ruhestand aktiv, kreativ und vital zu bleiben.* München 2001

Gottman, John M./Silver, Nan: *Die 7 Geheimnisse der glücklichen Ehe.* München 2000

Greenberger, Dennis/Padesky, Christine A.: *Mind Over Mood. Change How You Feel by Changing the Way You Think.* New York 1995

Jacobson, Edmund: *Entspannung als Therapie. Progressive Relaxation in Theorie und Praxis.* Stuttgart, 4. Aufl. 1999

Jaenicke, Sabine: *Die Zeit kann man anhalten. Mit Achtsamkeit den Alltag verändern.* München 2001

Kirschner, Josef: *Hilf dir selbst, sonst hilft dir keiner. Die Kunst, glücklich zu leben – in neun Lektionen.* München 2000

Lad, Vasant: *Selbstheilung mit Ayurveda. Das Standardwerk der indischen Heilkunde.* München 1999

Lazarus, Arnold A.: *Innenbilder. Imagination in der Therapie und als Selbsthilfe.* Stuttgart, 3. Aufl. 2000

Lazarus, Arnold A./Lazarus, Clifford N.: *Der kleine Taschentherapeut. In 60 Sekunden wieder o.k.* Stuttgart, 6. Aufl. 2001

LeShan, Lawrence: *Diagnose Krebs. Wendepunkt und Neubeginn.* Stuttgart, 4. Aufl. 1998

Lindemann, Hannes: *Allein über den Ozean. Ein Arzt in Einbaum und Faltboot.* Bielefeld, 2. Aufl. 2000

Merkle, Rolf: *Optimismus kann man lernen. Wie man das Beste aus seinem Leben macht.* Mannheim, 4. Aufl. 1998

Murphy, Shane: *Die Kunst, erfolgreich zu sein. Acht Schritte zur persönlichen Bestleistung.* München 1997

Nearing, Helen/Nearing, Scott: *Ein gutes Leben leben. Die ersten 20 Jahre in Vermont 1932–1952.* Darmstadt 1996

Nearing, Helen/Nearing, Scott: *Fortführung des guten Lebens. Die nächsten Jahre in Maine 1952–1979.* Darmstadt 1996

Popper, Karl: *Alles Leben ist Problemlösen. Über Erkenntnis, Geschichte und Politik.* München, 8. Aufl. 1996

Rossi, Ernest L./Nimmons, David: *Die 20 Minuten Pause. Wie Sie seelischen und körperlichen Zusammenbruch verhindern können.* Paderborn 1993

Schwartz, Dieter: *Gefühle erkennen und positiv beeinflussen.* Landsberg am Lech, 6. Aufl. 1997

Seligman, Martin E./Reivich, Karen/Jaycox, Lisa/Gilham, Jane: *Kinder brauchen Optimismus.* Reinbek 1999

Sher, Barbara: Wishcraft. *Vom Wunschtraum zum erfüllten Leben.* Tübingen 2000

Sher, Barbara: *Live the Life You Love. In Ten Easy Step-by-Step Lessons.* New York 1997

Sher, Barbara: *It's Only Too Late if You Don't Start Now. How to Create Your Second Life at Any Age.* New York 1998

Singer, Kurt: *Zivilcourage wagen. Wie man lernt, sich einzumischen.* München 1992

Smith, Manuel S.: *Sage Nein ohne Skrupel. Die neue Methode zur Steigerung von Selbstsicherheit und Selbstbehauptung.* Landsberg am Lech, 7. Aufl. 1997

Watzlawick, Paul: *Anleitung zum Unglücklichsein.* München 22. Aufl. 2001

Weiser Cornell, Ann: *Focusing – Der Stimme des Körpers folgen. Anleitungen und Übungen zur Selbsterfahrung.* Reinbek 2001

Wilson, Paul: *Wege zur Ruhe. 100 Tricks und Techniken zur schnellen Entspannung.* Reinbek 2000

Wilson, Paul: *Zur Ruhe kommen. Einfache Wege zur Meditation.* Reinbek 2001

Wolf, Doris/Merkle, Rolf: *Gefühle verstehen, Probleme bewältigen.* Mannheim, 16. Aufl. 2000